Duke Mirëpresim Jashtëtokësorët

RAEL

E drejta e autorit © The Raelian Foundation 2009.

Rael është identifikuar si autori i kësaj vepre në përputhje me Ligjin për të Drejtat e Autorit, Dizajni dhe Patentat 1988 Të gjitha të Drejtat e Rezervuara.
Asnjë pjesë e këtij botimi nuk mund të riprodhohet, ruhet në baza të dhënash ose të transmetohet në çfarëdo forme me mjete elektronike ose mekanike, fotokopje, printime, regjistrime ose ndryshe, pa lejen e botuesit dhe mbajtësit të së drejtës së autorit.
Përkthyer nga libri "Accueillir les Extra-terrestres. Ils ont créé l'humanité en laboratoryatoire" shkruar në frëngjisht nga Rael, botuar fillimisht në vitin 1979 nga "La Fondation Raëlienne".

ISBN-13: 978-1-938589-14-0

Botuesi: Nova Distribution
Botuesi mund të kontaktohet në: publishing@rael.org

Faleminderit:
Kryeredaktor dhe menaxher i projektit: Gian Elio De Marco Ezael
Dizajni: Elena del Carlo
Përkthim: Sinani Sokol

PARALAJMËRIM

Për të kuptuar më mirë këtë vepër preferohet që fillimisht të lexohet libri i të njëjtit autor:

LIBRI QË TREGON TË VËRTETËN
Dhe
JASHTËTOKËSORËT MË SHOllën NË PLANETIN E TYRE

Autori ka publikuar gjithashtu:
GJENIOKRACI
MEDITIMI SENSUAL
PO KLONIMIT TË NJERIUT
RAEL, MAITREYA, fragmente nga mësimet e tij

Nëse dëshironi të merrni një nga këto libra, shkruani tek

Lëvizja Ndërkombëtare Raeliane
në faqen e internetit
www.rael.org

Indeksi

Prezantimi 1

Kapitulli I
Pyetjet e bëra shpesh..6
Kontradikta të dukshme midis mesazhit të parë dhe të dytë 6
Datimi i veprës së Elohim 8
Populli i Izraelit dhe Judenjtë 9
Lëvizja Raeliane dhe paratë 10
Asgjë konstante në kohë dhe hapësirë 11
Transmetimi i planit qelizor dhe kockës ballore 13
A është toka një atom i gishtit të Zotit? 15
Arka e Noes: një anije kozmike 16
Jetë pas jetës ose ëndërr dhe realitet... 17
Niveli i evolucionit shkencor të Elohim 19
As zot, as shpirt, por Elohim dhe kodi gjenetik 20
Feja e pafundësisë 22
E ardhmja e feve tradicionale 23
Raeelizmi dhe geniokracia 24
Kush e krijoi krijuesin e krijuesve? 25
Cili është kuptimi i të jetuarit? 28
Çfarë është kënaqësia? 29
Çfarë është vdekja? 33
Liria seksuale dhe mosdetyrimet...39
Raelizmi dhe homoseksualiteti 40
Deistët dhe evolucionistët: profetët e rremë 41
Vetëvrasja 42

Kapitulli II
Zbulime të reja..43

Djalli nuk ekziston, e kam takuar 43
Babai im që është në parajsë 52
Mesazh nga Zoti për njerëzit e tokës:
Apokalipsi i kataklizmës përfundimtare bërthamore 54

Kapitulli III
Një fe ateiste...64
Engjëjt pa krahë 64
Mospërgjegjësia 67

Kapitulli IV
Shtojca...77
Shfaqja e 7 tetorit 30 D.H. (1976)..76
Mesazh nga Elohim i 14 marsit 32 A.D. (1978).................................78
Modifikimi i urdhërimeve të reja..79

Kapitulli V
Raeelism nën syrin e shkencës..79
Përshtypjet e një prifti 85
Po, unë jam Raelian! 88
Shenjtërimi i priftërisë sime 92
Jini aktiv që të mos bëheni radioaktiv 96
Nga Marksizmi në Raeelizëm ANËTARËSIMI.................................99

Një art i ri i të jetuarit 100

Bibliografi 102

indeksi analitik.............102

Duke mirëpritur jashtëtokësorët

PREZANTIMI

Ju mund ta kuptoni plotësisht kuptimin e kësaj vepre vetëm nëse keni lexuar dy librat e parë të Raelit: "Libri që thotë të vërtetën" dhe "Jashtëtokësorët më çuan në planetin e tyre".
Duke lexuar të parën nga këto dy vepra, mësojmë se jeta në Tokë nuk është rezultat i evolucionit për shkak të rastësisë, por më tepër rezultat i krijimit. Megjithatë, kjo nuk është një vepër hyjnore, por një krijim në laborator i kryer nga qenie që kishin një zotërim të përsosur të gjenetikës dhe biologjisë qelizore, siç është ajo që shkencëtarët tanë më të avancuar kanë filluar të zotërojnë sot. Ja çfarë zbulon shkurtimisht kjo vepër, një mesazh që Elohim, këta jashtëtokësorë shumë më të avancuar se qytetërimi ynë, i diktuan Raelit në kraterin e një vullkani të shuar në Auvergne, ku e tërhoqën telepatikisht në dhjetor 1973:
- Shumë kohë më parë, qeniet njerëzore të ngjashme me ne, banorë të një planeti të largët, zbuluan sekretin e Jetës dhe arritën të krijonin qenie të gjalla artificiale në laborator falë një zotërimi të përsosur të acidit deoksiribonukleik (ADN). Këto qenie kërkuan universin për një planet në të cilin mund të vazhdonin eksperimentet e tyre larg reagimeve të skandalizuara të opinionit publik në botën e tyre. Pasi dërguan sonda hapësinore pothuajse kudo në galaktikën tonë (e cila është edhe e tyre), ata përfunduan në gjetjen e një planeti me një atmosferë që i dha vetes realizimin e përvojës.
Ata arritën në këtë planet dhe ndërtuan laboratorë në të cilët mund të punonin në liri të plotë. Ata krijuan bimë, kafshë dhe, në fund, një qenie të bërë "sipas imazhit të tyre", njeriun.
Ky planet, me siguri do ta keni kuptuar, ishte Toka dhe Bibla nuk flet për veprën e një perëndie të gjithëfuqishme dhe jomateriale, por për një eksperiment fantastik shkencor të kryer nga qenie të cilave njerëzimi u detyrohet ekzistencës së tij. Këto qenie që nuk quhen "zot" në Biblën origjinale të shkruar në hebraisht, siç do ti donim që përkthimet e këqija t'i besojmë, por "Elohim". Kjo fjalë e lashtë hebraike fjalë për fjalë do të thotë: "ata që erdhën nga parajsa". Është shumësi i fjalës Eloha, që do të thotë "ai që erdhi nga qielli" dhe kjo mund të shkaktojë një farë konfuzioni.
Është pra një fjalë që do të thotë "ata që kanë ardhur nga qielli" dhe që është përkthyer gabimisht në njëjës me fjalën "zot". Ky gabim në përkthim përfaqëson padyshim mashtrimin më të madh të të gjitha kohërave. Me sa duket, për njerëzit primitivë, gjithçka që vjen nga parajsa mund të jetë vetëm "hyjnore". Një burrë nga Mato Grosso që sheh një helikopter në tokë, nuk mund të kuptojë se një njeri si ai mund të fluturojë dhe të ndërtojë një makinë më të rëndë se ajri që ngrihet drejt qiellit... Për të, diçka e tillë mund të jetë vetëm e mbinatyrshme, hyjnore.

Duke mirëpritur jashtëtokësorët

Elohim i krijoi njerëzit "sipas imazhit të tyre", siç thotë vetë Bibla. Më vonë, të trembur nga agresiviteti i krijimit të tyre, ata i nxorën këta njerëz nga kompleksi laboratorik ku gjithçka ishte e lehtë për ta dhe ku ushqeheshin dhe strehoheshin pa pasur nevojë të bënin as përpjekjen më të vogël. Ky vend u quajt poetikisht "parajsa tokësore".

Më vonë, bijtë e Elohimëve u tërhoqën nga sharmi i vajzave të burrave që ata vetë kishin krijuar. Kjo përshkruhet fjalë për fjalë në Bibël, në Zanafilla, VI, 1: "Bijtë e Elohimëve e kuptuan se bijat e njerëzve ishin të bukura.

Kështu ata morën për vete gra nga të gjithë ata që kishin zgjedhur" "...kur bijtë e Perëndisë erdhën te vajzat e njerëzve dhe ato u lindën atyre fëmijë. Këta ishin heronjtë e famshëm të antikitetit".

Nuk mund të jetë më e qartë se kaq. Zoti i gjithëfuqishëm dhe jomaterial në të cilin na bënë të besojmë ka pasione mishore dhe kjo është krejtësisht normale.
Kjo përshkruhet qartë në Bibël (Zanafilla, III, 22). Në këtë pasazh njeriu mëson, falë disa shkencëtarëve që e duan atë si një bir, se ata që ai i konsideron si perëndi nuk janë askush tjetër veçse njerëz si ai: "ja, njeriu është bërë si njëri prej nesh falë shkencës..."

- Por qeveria e planetit të Elohim vazhdoi të mendonte se ishte e nevojshme të shkatërroheshin qeniet e rrezikshme që ishin krijuar në Tokë. Grupi i kryesuar nga një prej Elohimëve, i quajtur Satana, mendonte se vetëm e keqja mund të vinte nga njerëzit. Ky grup më në fund triumfoi dhe kështu ndodhi shkatërrimi i gjithë jetës në Tokë. Ishte "përmbytja" e cila në realitet ishte një shkatërrim i arritur duke përdorur pajisje të ngjashme me bombat tona atomike, por shumë më të fuqishme.
Fatmirësisht për ne, një grup i vogël Elohimësh, duke besuar se mes njerëzve kishte disa qenie të mira që meritonin të mbijetonin, kishte ruajtur disa prej tyre si dhe disa lloje kafshësh të zgjedhura brenda një anijeje hapësinore (arka e Noes).
Pas kësaj "përmbytjeje" pati një vendbanim të ri njerëzor në Tokë dhe, në atë pikë, Elohimët zbuluan se ata vetë ishin krijuar nga qenie nga një planet tjetër dhe se ata ishin, si ne, fryt i një përvoje shkencore në laborator. Më pas, ata vendosën që kurrë më nuk do të përpiqeshin të shkatërronin njerëzimin, duke e lënë atë të përparonte vetë.
Megjithatë, ata vendosën të dërgojnë lajmëtarë me detyrën për t'i mësuar qenieve njerëzore për origjinën e tyre dhe për të themeluar fe, shkrimet e të cilave do të shërbenin si provë kur njerëzit të arrinin një nivel njohurish shkencore të mjaftueshme për të kuptuar pa misticizëm se si kishte ndodhur. Toka. Moisiu, Jezusi, Buda, Muhamedi ishin vetëm disa nga këta lajmëtarë.

Duke mirëpritur jashtëtokësorët

Jezusi, në fakt, ishte djali i një prej Elohimëve dhe një gruaje tokësore dhe kishte të drejtë të thoshte "babai im që është në qiell".

Epoka në të cilën mund të kuptojmë më në fund është pikërisht ajo në të cilën kemi fatin të jetojmë aktualisht, epoka e Apokalipsit në të cilën kemi hyrë që nga viti 1945.

Apokalipsi është një tjetër fjalë që është përkthyer gabim, pasi në greqisht do të thotë "zbulesë" dhe jo "fund i botës" siç donin të besonim. Ishte shkruar se epoka e Apokalipsit do të vinte kur populli hebre do të gjente përsëri vendin e tyre. Dhe pikërisht në epokën tonë shteti i Izraelit u rikrijua; u shkrua se do të vinte epoka e Apokalipsit kur të verbërit do të mund të shihnin dhe tani shkencëtarët amerikanë po zhvillojnë një protezë elektronike të implantuar në nervin optik që do t'i lejojë të verbrit të rifitojnë shikimin; u shkrua se do të vinte epoka e Apokalipsit kur njeriu do të mund të mbante zërin e tij përtej oqeaneve dhe tani falë komunikimeve satelitore është e mundur të komunikohet menjëherë me katër anët e botës; shkruhej se do të vinte epoka e Apokalipsit kur njeriu do të ishte në gjendje të barazohej me "zotin", i vetmi i aftë për të krijuar jetë me materiale inerte, dhe tani disa shkencëtarë po sintetizojnë në laborator, duke u nisur vetëm nga elementët kimikë, gjeni i parë njerëzor. Kjo i lejon ata të planifikojnë krijimin e një qenieje të gjallë artificiale, duke barazuar kështu atë që quhet "zot"!!!

E gjithë kjo përmbahet në librin e parë, sigurisht shumë më në detaje…

Në librin e dytë, Raeli tregon se si Elohim e kontaktoi përsëri në tetor 1975, në Perigord dhe e çoi në një nga planetët në të cilin ata jetojnë.
Udhëtoi falë një prej atyre avionëve që ne i quajmë "pjata fluturuese". Këtu ai pa gjëra të jashtëzakonshme që mund të na duken të pamundura ose të mrekullueshme. Ashtu siç do t'u dukej mrekulli ose e pamundur të udhëtoje nga Parisi në Nju Jork, në më pak se katër orë me një Concorde, për ata që udhëtuan nga Evropa në Amerikë me karavela në kohën e Kristofor Kolombit dhe u deshën disa muaj për të bërë të njëjtën gjë. rrugë. Në këtë planet ai u takua me profetët më të mëdhenj, si Moisiu, Jezusi, Buda, Muhamedi.
Ata mbahen gjallë shkencërisht dhe do të kthehen në Tokë, siç njoftojnë Shkrimet, në shoqërinë e Elohim kur të jetë koha. Në këtë planet, të quajtur planeti i të përjetshmëve, njerëzit jetojnë për rreth shtatëqind vjet, vdesin dhe më pas rikrijohen duke filluar nga një qelizë e tyre e cila është marrë para vdekjes së tyre dhe që përmban kodin gjenetik, pra planin qelizor të çdo individi. .

Raeli ishte gjithashtu në gjendje të dëshmonte krijimin, falë një makinerie të madhe, të një kopje identike të tij, duke filluar nga një qelizë që i ishte marrë nga qendra e ballit. Kështu ai u gjend për pak çaste përballë një kopjeje të tij.

Duke mirëpritur jashtëtokësorët

Me këtë rast ai mësoi se në këtë planet jetojnë tetë mijë e katërqind tokësorë të cilët u rikrijuan pas vdekjes së tyre tokësore për të jetuar atje përjetësisht. Këta qenie njerëzore u zgjodhën për veprimet që ata kryen gjatë jetës së tyre kushtuar zgjimit dhe përparimit të njerëzimit. Në fakt, një kompjuter i madh monitoron çdo qenie njerëzore që nga ngjizja e tij deri në vdekjen e tij dhe regjistron të gjitha veprimet e tij. Në momentin e vdekjes, nëse bilanci tregon një numër më të madh veprimesh pozitive sesa ato negative, qenia në fjalë ka të drejtën e jetës së përjetshme në planetin e Elohim të përjetshëm, në shoqërinë e profetëve të mëdhenj.

Elohim i mësoi Raelit gjithashtu një teknikë meditimi që ju lejon të zgjoni plotësisht mendjen njerëzore, potenciali i së cilës zakonisht shfrytëzohet vetëm pjesërisht. Kjo teknikë, e quajtur "meditim sensual", i lejon njeriut të lidhet me të voglën pafundësisht që e kompozon dhe me të madhen pafundësisht që ai kompozon.

Elohim i shpjegoi gjithashtu Raelit se në atomet e atomeve që na përbëjnë ka jetë inteligjente, njerëzim tjetër dhe se toka dhe yjet janë atomet e një qenieje gjigande që ndoshta vëzhgon një qiell tjetër duke pyetur veten nëse ka planetë të tjerë të banuar ... të cilën ata kanë arritur ta vërtetojnë shkencërisht. Ata ishin gjithashtu në gjendje të vërtetonin se universi është i pafund dhe, duke qenë se është i pafund, nuk mund të ketë një qendër. Kjo tregon mosekzistencën e një perëndie dhe një shpirti që mund të largohet nga trupi pas vdekjes.

Ata shpjeguan se, për qeniet inteligjente që jetojnë në një atom të dorës sonë, një nga sekondat tona është ekuivalent me disa milionë vjet, ashtu si jeta jonë tokësore përfaqëson vetëm një të miliardën e një miliarda të sekondës për qenien gjigante toka jonë. vetëm një atom i një atomi. Dhe kjo dëshmon mungesën e komunikimit që ekziston midis niveleve të ndryshme të pafundësisë në hapësirë dhe shtyp çdo ide për një "zot" që ka pushtet mbi njerëzit.

Më në fund, ata shpjeguan se pafundësia ekziston në hapësirë, por edhe në kohë.

Asgjë nuk krijohet, gjithçka është e përjetshme si në formën e materies ashtu edhe në formën e energjisë, dhe energjia nuk ka epërsi ndaj materies, siç duan që ne të besojmë ata që besojnë në "shpirt".

Elohim i kishte kërkuar Raelit të themelonte një lëvizje përgjegjëse për përhapjen e mesazheve që i kishin besuar atij në Tokë dhe të ndërtonte një ambasadë në planetin tonë, ndoshta afër Jeruzalemit, ku ata një ditë do të vijnë për të vendosur zyrtarisht kontakte me sundimtarët e botës sonë. botë.

Lëvizja Raelian u themelua me këtë qëllim dhe që nga viti 1979 ka mbledhur më shumë se tre mijë njerëz që punojnë me shpresën se një ditë do të jenë dëshmitarë të ndërtimit të ambasadës dhe ardhjes zyrtare të Krijuesve tanë.

Dhjetëra mijëra njerëz që kanë lexuar "Libri që thotë të vërtetën" dhe

Duke mirëpritur jashtëtokësorët

"Jashtëtokësorët më çuan në planetin e tyre" kanë kuptuar se ka disa kontradikta midis këtyre dy veprave dhe se, në lidhje me njohuritë aktuale shkencore, atje janë shumë pika që duket se mohohen nga zbulimet më të fundit të studiuesve tokësorë.

Kjo vepër, në pjesën e parë, trajton këto kontradikta të dukshme një nga një dhe më pas sjell elemente të reja që Elohim i kishte kërkuar Raelit të mos i zbulonte para se të kishin kaluar tre vjet nga kontakti i tyre në tetor 1975.

Duke mirëpritur jashtëtokësorët

I

Pyetjet e bëra më shpesh

Ky kapitull përmban pyetjet që gazetarët i bënin më shpesh Raelit në transmetimet e radios ose televizionit anembanë botës, dhe përgjigjet që ai dha për të njëjtat pyetje.

Kontradikta të dukshme midis mesazhit të parë dhe të dytë

Kërkesë:

Kontradikta e parë e dukshme midis mesazhit të parë dhe të dytë gjendet që në fillim të dialogut mes saj dhe Eloha-s. Në mesazhin e parë, kur ajo e pyet nëse është e mundur të shkosh në planetin e tyre, ai përgjigjet: "Jo, ajo nuk mund të jetonte atje. Atmosfera është shumë e ndryshme nga e juaja dhe ju nuk jeni mjaftueshëm të përgatitur për të duruar udhëtimin". Megjithatë, në takimin e dytë, më 7 tetor 31 (1975), ju u dërguat në një nga objektet e tyre fluturuese dhe qëndruat për afërsisht njëzet e katër orë në planetin e të Përjetshmëve. Mund të vërehet gjithashtu se, me rastin e kontaktit të parë, pajisja u shfaq shumë ngadalë; fillimisht një dritë e kuqe e ndërprerë disa dhjetëra metra mbi nivelin e detit që zbriste ngadalë, më pas, pasi pajisja ishte aq e ulët sa të ishte e dukshme, një dritë e dhunshme, e bardhë, me ndërprerje u shfaq sipër. Në vend të kësaj, në momentin e saktë të kontaktit për dërgimin e mesazhit të dytë, avioni u shfaq menjëherë pas shkurret Roc Plat, pa dritën më të vogël të ndërprerë, afër tokës. Dhe edhe kur u kthye, kjo pajisje u zhduk menjëherë pasi ju zbrite, sikur të ishte shpërbërë.

Një kontradiktë tjetër: kur kishte kontaktin e parë, Eloha e kishte fytyrën të rrethuar nga një lloj haloje, të cilën më vonë ai shpjegoi se ishte një lloj kostumi zhytjeje i përbërë nga valë, ndërsa me rastin e takimit më të fundit ai nuk e kishte më. çdo gjë rreth fytyrës së tij, fytyrës së tij. Kjo kontradiktë, për më tepër, forcohet nga ajo që thuhet në faqen 51 të mesazhit të parë: "Ju nuk mund ta shihni fytyrën time, pasi njeriu nuk mund ta shohë fytyrën time dhe të jetojë" (Eksodi, XXXIII, 20) dhe ky citim biblik shpjegohet si më poshtë. : "Nëse njeriu do të vinte në planetin tonë, do të shihte krijesa pa kostum zhytjeje, por do të vdiste sepse atmosfera nuk është e përshtatshme për të". Si i shpjegoni kontradikta të tilla?

Duke mirëpritur jashtëtokësorët

Përgjigje nga Rael:

Shpjegimi i këtyre kontradiktave të dukshme është shumë i thjeshtë dhe mund të përmblidhet në një fjalë: psikologji.

Në momentin që vendosim të shkojmë në një planet primitiv dhe të kontaktojmë me një qenie të gjallë të krijuar për të kryer një mision shumë specifik, duhet të marrim disa masa paraprake për të mos dëmtuar në mënyrë të pakthyeshme ekuilibrin e tij psikik. Të shohësh një makinë të pajisur me drita vezulluese të shfaqet në qiell nuk është traumatizuese për një njeri që jeton në një nga vendet e përparuara shkencërisht të epokës sonë. Është mësuar pak a shumë të shohë satelitë, raketa në televizion, ka parë tashmë avionë apo helikopterë të vërtetë që në fëmijëri dhe kupton pak a shumë se si mund të funksionojnë. Mënyra më e mirë për t'i treguar veten pa e trembur shumë është t'i afroheni gradualisht me një avion të pajisur me drita me ndërprerje, njësoj si makinat fluturuese që ai i njeh mirë. Ai do ta gjejë këtë normale dhe do të habitet vetëm nga mungesa e zhurmës për një objekt fluturues me pamje metalike dhe për rrjedhojë shumë të rëndë. Më pas, qenia që i shfaqet duhet të ketë veshje të ngjashme me atë që ai e konsideron si veshje tipike të një piloti të një makinerie fluturuese ose të një kozmonauti. Kostumi i zhytjes rreth fytyrës së tij do ta qetësojë atë duke i kujtuar pilotët e avionëve tokësorë që ai njeh relativisht mirë. Kështu do të arrihet objektivi i synuar: të mos humbasë mendjen personi me të cilin kontaktohet, duke i treguar teknologjitë që tokësorët nuk janë në gjendje t'i përdorin, me qëllim që të kuptojë se ajo që po zbulon është me origjinë jashtëtokësore.

Gjatë takimit të dytë, pamja e avionit ishte brutale. Në fakt, Elohimët përdorën teknologjinë e tyre pa asnjë kamuflim përpara një dëshmitari që ata besonin se ishte mjaftueshëm i përgatitur psikologjikisht, dhe për këtë arsye i aftë për të mos u traumatizuar.

Nëse do të më shfaqeshin kaq brutalisht, që në takimin e parë, tronditja do të ishte shumë e rëndë dhe ekuilibri im psikik do të ishte shumë i shqetësuar; Në fakt, në atë kohë nuk e prisja një gjë të tillë. Megjithatë, me gjithë masat e tyre paraprake, tronditja nervore më shkaktoi fillimin e një ulçere në stomak dhe m'u deshën disa muaj për t'u shëruar. Mesazhi ishte "i ëmbël në gojën time, por i hidhur në barkun tim"... Do të kishte qenë shumë më serioz pa masat paraprake që ata morën.

Deri në kohën tonë, krijuesit tanë u shfaqën për t'u bërë përshtypje sa më shumë krijesave të tyre, të paaftë për të kuptuar se kush ishin këto qenie nga qielli. Shqetësimi i tyre kryesor ishte t'i bënin burrat të besonin në to, edhe nëse nuk kuptonin asgjë. Tani që jemi në Epokën e Apokalipsit që do të thotë, le të kujtojmë, "Epoka e Revelacionit", domethënë epoka në të cilën gjithçka mund të kuptohet, dhe jo "fundi i botës" siç duan që ne të besojmë dhe siç mundeni ju. verifikuar në ndonjë fjalor, ata kanë vendosur të shfaqen duke kërkuar të kuptohen dhe të njihen si krijuesit tanë. Ata janë ata për të cilët flitet në të gjitha shkrimet fetare të Tokës, duke përfshirë Biblën, në të cilën quhen Elohim.

Ata diktuan Biblën njerëzve të parë për t'u njohur në epokën tonë, pasi kishin kaluar mijëvjeçarë dhe njohuritë njerëzore kishin përparuar aq sa qeniet njerëzore të mund të shikonin atë që vjen nga parajsa pa u gjunjëzuar për t'u lutur, duke thirrur "për mrekulli"...

Së fundi, nuk duhet të harrojmë se Elohim kishte vendosur të më testonte përpara se të më jepte mesazhin e plotë. Prandaj ata vazhduan shumë progresivisht.

Përballë këmbënguljes sime për të kërkuar një udhëtim në anijen e tyre hapësinore, për të shmangur çdo pyetje të mëtejshme, ata u përgjigjën se ishte e pamundur, si kur i thua një fëmije se nëse pi alkool, nuk do të rritet më kurrë. Dhe ata shtuan, për shembull, vargun nga Eksodi i cili u drejtohej njerëzve primitivë të mbahej mënjanë. Ata primitivë që mbi të gjitha duhej të besonin pa u munduar të kuptonin.

Datimi i veprës së Elohim

Kërkesë:

Elohimët thonë se ata krijuan jetën në Tokë njëzet e pesë mijë vjet më parë. Si ka mundësi që të gjenden gjurmë apo eshtra kafshësh disa qindra mijë vjeçare?

Përgjigje nga Rael:

Elohimët shpjegojnë mirë se ata nuk e krijuan planetin tonë. Kur vendosën të kryenin eksperimentet e tyre për të krijuar jetë në laborator, ata kërkuan në univers për një planet me një atmosferë që do t'i lejonte ata të punonin në të. Toka u zgjodh, pasi shumë teste dhe analiza rezultuan të suksesshme. Vetëm atëherë ata erdhën në planetin tonë dhe krijuan të gjitha format e jetës që ne njohim, përfshirë njeriun.

Kjo nuk do të thotë se, dhjetë apo njëzet mijë vjet para ardhjes së tyre, nuk ka pasur një krijim tjetër në Tokë që është shkatërruar nga një katastrofë natyrore ose e shkaktuar nga njeriu.

Imagjinoni që nesër të shpërthejë një luftë atomike. Çdo formë e jetës do të shkatërrohej. Imagjinoni që, në rreth dhjetë mijë vjet, jashtëtokësorët mbërrijnë për të krijuar organizma të rinj të gjallë inteligjentë. Pas përparimit të ngadaltë shkencor, këto krijesa do të zbulonin gjurmë të qytetërimit tonë të shkatërruar dhe do të tundoheshin të refuzonin të besonin se qeniet nga qielli i krijuan ato. Ata do të siguronin, si provë të pamundësisë së një shpjegimi të tillë, zbulimin e eshtrave mbi njëzet e pesë mijë vjet të vjetra, përkatësisht tonat. Ata do të gjenin eshtrat e atyre që i paraprinë dhe pse jo, të atyre mamuthëve që ne ende i gjejmë dhe prej të cilëve mund të ketë mbetur ende... Meqenëse jeta që ekziston aktualisht në Tokë nuk është e para që është krijuar. dhe jo ai do të jetë i fundit që do të krijohet. Ka pasur një pafundësi krijimesh në planetin tonë dhe ka pasur gjithashtu një pafundësi shkatërrimi për shkak të mungesës së mençurisë së atyre që ishin ekuivalenti i Njerëzimit tonë.

Populli i Izraelit dhe Judenjtë

Kërkesë:

Në faqen 34 të mesazhit të parë shkruhet se populli i Izraelit u zgjodh me rastin e një konkursi të organizuar nga Elohim, pasi ata ishin raca njerëzore më e suksesshme nga pikëpamja e inteligjencës dhe gjenialitetit. Tani, në faqen 84 të mesazhit të dytë shkruhet: "Hebrenjtë janë pasardhësit tanë të drejtpërdrejtë në Tokë. Kjo është arsyeja pse atyre u rezervohet një fat i veçantë. Ata janë pasardhës të bijve të Elohimëve dhe bijave të njerëzve për të cilët flitet në Zanafillë". A nuk është kontradiktore kjo?

Përgjigje:

Njerëzit që u zgjodhën nga krijuesit tanë, Elohim, si më të suksesshmit, ishin populli i Izraelit, njerëzit që ishin krijuar në laboratorin e vendosur në këtë rajon të planetit tonë. Dhe ndoshta është pikërisht sepse ky popull ishte më i suksesshmi që djemtë e Elohim-it lejuan veten të tundoheshin nga vajzat e tij dhe të kishin fëmijë me ta nga të cilët në të vërtetë populli hebre kishte prejardhjen. Kështu raca që populloi tokën e Izraelit u bë populli hebre.

Duke mirëpritur jashtëtokësorët

Lëvizja Raeliane dhe paratë

Kërkesë:

Në faqen 111 të mesazhit të parë shkruhet: "Askush nuk mund t'i nënshtrohet dy zotërinjve: ose do të urrejë njërin dhe do ta dojë tjetrin, ose do të lidhet me njërin dhe do të përçmojë tjetrin. Ju nuk mund t'i nënshtroheni Perëndisë dhe Mamonit. Mos grumbulloni thesare në tokë" (Mateu, VI) dhe Vatikani sulmohet fuqishëm për pasuritë e tij. Lëvizja Raeliane u kërkon edhe para anëtarëve të saj. A nuk do të thotë kjo të biesh përsëri në të njëjtin gabim si Vatikani?

Përgjigje:

Nuk duhet të krahasojmë ata që jetojnë në luks dhe pasuri, duke i këshilluar besimtarët e tyre të jetojnë keq dhe që përdorin paratë e të varfërve për të mbështetur një mori peshkopësh dhe kardinalësh, për të rritur pandërprerë investimet e tyre në pasuri të paluajtshme, për të mbajtur një pallat të lashtë me roje. duke mbajtur halberd. Ne nuk duhet t'i krahasojmë këta uzurpatorë romakë me një lëvizje që nuk ka dhe nuk do të ketë kurrë një kler të paguar, e cila nuk ka dhe nuk do të ketë kurrë tre të katërtat e shtëpive dhe pronave të një kryeqyteti ku njerëzit kanë vështirësi të gjejnë strehim,

pasi kjo është rasti i Romës, duke refuzuar t'i marrë me qira për të mos humbur vlerën, e cila nuk ka dhe nuk do të ketë kurrë një pallat princëror që shembet nën peshën e arit dhe argjendit.
Ne në fakt na duhen shumë para, por për të arritur objektiva shumë specifikë:
1° Përktheni mesazhet e Elohim në të gjitha gjuhët dhe sillni ato në vëmendjen e të gjithë popujve të Tokës.
2 Ndërtoni ambasadën në të cilën Elohim do të vijë për të kontaktuar zyrtarisht me burrat, një ambasadë që nuk do të jetë as një pallat princëror, as një katedrale, por një shtëpi e thjeshtë e pajisur me komoditetet për të cilat çdo njeri në kohën tonë ka të drejtë, dhe të imunitetit diplomatik për të cilin të drejtën e ka edhe shteti më i vogël në Tokë brenda ambasadave të tij.
Së fundi, nëse fatmirësisht do të kishim mundësi të mblidhnim më shumë para se sa nevojiten për të arritur dy objektivat që sapo përmenda në një kohë shumë të shpejtë, më shpejt se sa do të duheshin
përhapim mesazhet në të gjithë planetin, ne do të përdorim paratë e tepërta për të ndërtuar një qendër kërkimore pranë ambasadës ku do të mbledhim të gjithë shkencëtarët e etur për të punuar në krijimin e jetës në laborator. Kjo do t'i lejojë njeriut të barazohet me krijuesit e tij, të krijojë robotë biologjikë falë të cilëve do të eliminohet puna dhe, rrjedhimisht, paratë.

Duke mirëpritur jashtëtokësorët

Do të krijojmë gjithashtu një shkollë të rezervuar për gjenitë dhe të talentuarit. Studiuesit mund të punojnë atje pa kufizimet e laboratorëve të shfrytëzuar nga trustet shumëkombëshe dhe ato mbytëse gjenesh që janë organe shtetërore. Kështu ata do të ishin në gjendje të punonin pa frikë se zbulimet e tyre bien në duart e fuqive politiko-ushtarake që përpiqen t'i përdorin ato për t'i kthyer ato në armë gjithnjë e më vdekjeprurëse.

Asgjë konstante në kohë dhe hapësirë

Kërkesë:

Në faqen 114 të mesazhit të parë shkruhet se planeti i Elohim ndodhet pak më pak se një vit drite nga Toka, domethënë distanca që drita mund të përshkojë në një vit, ose afërsisht nëntë mijë miliardë kilometra, pasi drita lëviz me rreth treqind mijë kilometra në sekondë. Shkencëtarët e sotëm të Tokës thonë se ylli më i afërt jashtë sistemit tonë diellor është rreth katër vite dritë larg. Si të shpjegohet ky dallim?

Përgjigje:

Elohim absolutisht nuk duan që ne të dimë se ku ndodhet planeti i tyre dhe masat e tyre paraprake janë të kuptueshme, duke pasur parasysh tërbimin shkatërrues të njerëzve (edhe nëse niveli
e njohurive në Tokë është ende shumë primitive...). E gjithë kjo do të zbulohet pikërisht kur ata të vijnë zyrtarisht në ambasadën që duhet të ndërtojmë për t'i pritur. Ndërsa presim, nuk mund të mos i bëjmë vetes disa pyetje.

Disa shkencëtarë, anëtarë të Lëvizjes sonë, kanë hipotezuar se distanca midis planetit të tyre dhe tonit do të ishte saktësisht katër vite dritë, duke ndjekur dritën që lëviz duke ndjekur një kurbë shumë të theksuar, por do të ishte vetëm një vit drite nëse do të ndiqnim një trajektore lineare. dhe jo lakimi i valëve të dritës. Kjo është një mundësi.
Do të shtoja se drita nuk lëviz me të njëjtën shpejtësi në të gjitha shtresat e universit, pasi asgjë nuk është konstante në kohë dhe hapësirë. Dhe këtu jemi përballur me një nga gabimet më të rëndësishme të shkencëtarëve tanë sot, pra, duke u nisur nga një vëzhgim i kryer në një kohë të shkurtër për të nxjerrë përfundime në lidhje me mijëvjeçarët e kaluar ose të ardhshëm, ose në një hapësirë të shkurtër për të nxjerrë përfundime që kanë të bëjnë hapësirë e pafund. Njeriu gjithmonë ka bërë gabim duke gjykuar në lidhje me njohuritë e veta.

Duke mirëpritur jashtëtokësorët

Toka ishte domosdoshmërisht e sheshtë për ata që mbështeteshin në vijën e horizontit...
Kjo vlen edhe për datimet e bëra nga njeriu bazuar në metodën e karbonit-14, pavarësisht nëse bazohet në radioaktivitet, kalium-argon, uranium-plumb-torium ose ndonjë metodë tjetër të këtij lloji. Nga ana tjetër, ka një punë shumë të rëndësishme që i zhvillon seriozisht të gjitha këto tema dhe mund të jetë me interes për shkencëtarët. E kam fjalën për "Evolucion ose Krijim" (shih bibliografinë në fund të veprës). Shkurtimisht, gabimi i këtyre metodave të datimit është të nisemi nga parimi se sjellja aktuale atomike ka qenë gjithmonë konstante. Duke u nisur nga ky supozim, kryhen llogaritje, themelet e të cilave janë të shtrembëruara, pasi asgjë nuk është konstante në univers, as në hapësirë dhe as në kohë.
Për të dhënë një imazh që ilustron një gabim të tillë, mund të sjellësh shembulli i një qenieje njëzet e pesë vjeçare, rritja e së cilës do të matej në një vit, pra afërsisht një milimetër për disa lëndë; duke u nisur nga këtu, mund të konsiderohet se njeriu në fjalë është një mijë e shtatëqind e pesëdhjetë vjeç, pasi ai është i gjatë një metër shtatëdhjetë e pesë... Kështu do të harrohet se rritja e këtij të riu nuk ka qenë kurrë konstante, viti i parë më shumë se pesëqind milimetra (nga konceptimi i tij), nga katër deri në pesë vjet vetëm gjashtëdhjetë milimetra, midis shtatë dhe tetë vjet vetëm tridhjetë milimetra, por midis katërmbëdhjetë dhe pesëmbëdhjetë vjet përsëri tetëdhjetë milimetra!
Siç mund ta shihni, nuk ka konstante dhe çdo përpjekje për të përcaktuar moshën e subjektit, duke u nisur nga një vëzhgim i pjesshëm i rritjes, do të ishte një dështim total. Mund të vërehet gjithashtu se, nëse bazojmë veten në matjen e gjashtëdhjetë centimetrave të rritjes tipike të vitit të parë të jetës për të llogaritur moshën e subjektit në njëzet e një vjet, ne mund të parashikojmë që në atë moshë ky individ do të të jetë dymbëdhjetë metra i gjatë dhe gjashtëdhjetë ...

Kërkesë:

Në faqen 28 të mesazhit të parë shkruhet se Elohim krijoi kontinentin origjinal njëzet e pesë mijë vjet më parë, nga i cili më pas fragmentet u shkëputën dhe u larguan dhe formuan kontinentet që ne njohim sot, të cilat ende po lëvizin. Kontinenti amerikan vazhdon të largohet nga Evropa me disa milimetra çdo vit sipas disa shkencëtarëve, me një metër sipas të tjerëve. Në çdo rast, edhe nëse do të ishte një metër, në hapësirën e njëzet e pesë mijë vjetëve do të arrinim njëzet e pesë mijë metra zhvendosje, domethënë njëzet e pesë kilometra, ndërsa Amerika e Veriut është disa mijëra kilometra nga brigjet evropiane. . Si të shpjegohet kjo?

Duke mirëpritur jashtëtokësorët

Përgjigje:

Përgjigja për këtë pyetje është saktësisht e njëjtë me atë të mëparshme. Për sa i përket rritjes së një qenieje njerëzore, raporti midis rritjes së vitit të parë dhe atij të njëzet e një është gjashtëqind me një, dhe është mijëra herë më i rëndësishëm për sa i përket ndarjes së kontinenteve. është e shqetësuar. Këtu, edhe një herë, asgjë nuk është konstante as në kohë, as në hapësirë.
Aktualisht kontinentet po largohen ndoshta me disa centimetra në vit. Në fillim, ata lëviznin disa qindra kilometra larg njëri-tjetrit çdo vit. Një tërmet ndodhi së fundmi pranë Gadishullit Arabik dhe ne u befasuam kur zbuluam se ishte krijuar një çarje që ndante dy rajonet me më shumë se një metër në hapësirën e një nate të vetme! Megjithatë, ne e gjejmë veten në një periudhë relativisht të qetë të historisë së Tokës, efektet e "stuhisë" së krijimit të kontinentit origjinal nga baballarët tanë kanë pasur kohë të qetësohen gjatë rrjedhës së njëzet e pesë mijëvjeçarëve.
Në pafundësinë e kohës dhe hapësirës, asgjë nuk është konstante as në materie dhe as në energji.

Transmetimi i planit qelizor dhe kockës ballore

Kërkesë:

Të gjithë atyre që e njohin Raelin si të dërguarin e krijuesve tanë, Elohim, dhe për rrjedhojë si të fundit të Profetëve, u kërkohet që transmetimi i planit të tyre celular të kryhet nga vetë Raeli ose nga një udhërrëfyes i autorizuar prej tij për të kryer detyrën. Kjo për shkak se kodi
Kodi gjenetik i çdo Raeliani ruhet për të lejuar rekreacion të mundshëm në planetin e të Përjetshmëve. Secilit Raelian i kërkohet gjithashtu të bëjë testamentin e tij/saj në mënyrë që kocka e përparme e tij/saj të dërgohet, pas vdekjes së tij/saj, te Udhërrëfyesi i Udhërrëfyesve. Çfarë kuptimi ka kjo nëse transmetimi i planit celular tashmë ka ndodhur?

Përgjigje:

Transmetimi i planit qelizor është një njohje e Elohim si krijuesit tanë të kryer nga çdo Raelian derisa ishte gjallë, ruajtja e kockës ballore është një njohje e Elohim si krijuesit tanë të kryer përmes vdekjes. E tëra përbën një njohje "për jetën dhe për vdekjen". Plani qelizor, ose kodi gjenetik, i çdo individi regjistrohet në një kompjuter të jashtëzakonshëm që regjistron të gjitha veprimet tona gjatë jetës sonë, duke filluar nga konceptimi ynë, nga takimi i vezës me

Duke mirëpritur jashtëtokësorët

spermatozoidin, momenti në të cilin krijohet një e re. kodi gjenetik, pra i një individi të ri. Më pas ai do të ndiqet gjatë gjithë ekzistencës së tij dhe do të shënohet në fund të jetës së tij bazuar në sjelljen e tij, për të zbuluar nëse do të ketë të drejtën e jetës së përjetshme në planetin ku Elohimët pranojnë njerëzit më të ndërgjegjshëm mes tyre.

Kërkesë:

Çfarë do të ndodhte me një Raelian që vdiq në një aksident dhe trupi i të cilit u shkatërrua plotësisht?

Përgjigje:

Nëse Raeliani në fjalë ka parashikuar dispozita në testamentin e tij duke kërkuar që kocka e tij ballore t'i dërgohet Udhërrëfyesit të
Guide, nuk ka asnjë problem pasi kjo është regjistruar nga kompjuteri që monitoron secilin prej nesh gjatë gjithë ekzistencës sonë. Në çdo rast, nuk ka asnjë problem për Raelianët që vdesin pa respektuar dëshirat e tyre të fundit nga autoritetet duke refuzuar të heqin kockën ballore të lartpërmendur. E rëndësishme është që çdo Raelian të bëjë vullnetin e tij në këtë kuptim.
Kur të ketë miliona Raelianë, qeveritë me siguri do të jenë të detyruara të sigurojnë respektimin e dëshirave të tyre të fundit. Edhe dëshirat e fundit të të krishterëve të parë nuk u respektuan fare për sa kohë ishin pakicë. Raeelizmi do të jetë feja dominuese në botën e mijëvjeçarit të tretë. Dhe në atë moment dëshirat e fundit të Raelianëve do të respektohen.

Kërkesë:

Shumica e njerëzve vdesin të moshuar. A jemi rikrijuar të vjetër dhe në këtë rast duhet të jetojmë përjetësisht të vjetër?

Përgjigje:

Është e qartë se jo. Një njeri që ka fatin të rikrijohet për të jetuar përjetësisht në planetin e të Përjetshmëve, rikrijohet i ri, me një trup që zotëron plotësisht forcën dhe mjetet e tij. Në çdo argëtim, ai do të rikrijohet në të njëjtën mënyrë. Përjetësisht.

Kërkesë:

Është shkruar se vetëm ata që ju ndjekin do të shpëtohen. Nëse një njeri bën një jetë që synon lumturinë dhe lulëzimin e Njerëzimit, por nuk ka dëgjuar kurrë për mesazhet e Elohimit, a nuk ka mundësi të shpëtohet?

Duke mirëpritur jashtëtokësorët

Përgjigje:

Ky njeri është ndër të drejtët dhe do të shpëtohet. Kjo pjesë e mesazheve ka të bëjë me ata që janë bërë të vetëdijshëm për përmbajtjen e tyre. Midis tyre do të shpëtohen vetëm ata që kanë vendosur të ndjekin direktivat e dhëna nga krijuesit tanë. Por nëse në Tokë ka njerëz që jetojnë duke u përpjekur para së gjithash për të çuar përpara njerëzimin ose për të ndihmuar të afërmin e tyre me të mirën e tyre dhe që vdesin pa e ditur mesazhin e etërve tanë, ata do të jenë ndër të drejtët dhe do të jenë ruaj veten.

Ai që nuk i njeh mesazhet dhe që vepron pozitivisht do të falet më lehtë se ai që i njeh ato. Sepse ky i fundit nuk ka asnjë justifikim për të mos ndryshuar sjelljen e tij ose për të mos i kushtuar edhe më shumë vëmendje veprimeve të tij.

A është toka një atom i gishtit të Zotit?

Kërkesë:

Mesazhi shpjegon se planeti ynë është vetëm një atom i qenies gjigante, pjesë e së cilës ne jemi, ashtu siç ka jetë inteligjente në atomet e atomeve që na përbëjnë. Por, a nuk mund të konsiderohet Zot qenia madhështore e së cilës Toka nuk është veçse një atom dhe pjesë e së cilës ne jemi veçse?

Përgjigje:

E gjitha varet nga ajo që nënkuptohet me fjalën "zot". Nëse mendojmë për pafundësinë, po, por vetëm pjesërisht, pasi kjo qenie gjigante pjesë e së cilës ne jemi, jeton në një planet.
që është një atom i një qenieje gjigante e kështu me radhë ad infinitum. Nëse "zot" do të thotë një qenie që ka pushtet mbi ne, aspak. Sepse nuk ka zot.
Qenia pafundësisht e madhe e së cilës Toka është vetëm një atom, nuk ka fuqi mbi ne, pasi nuk duhet të harrojmë se për të koha kalon shumë më ngadalë. Periudha kohore në të cilën ai thjesht mendon për diçka për ne korrespondon me mijëvjeçarë. Periudha kohore në të cilën qeniet e gjalla në një nga atomet e atomeve tona mendojnë për diçka për ne korrespondon me një të miliardën e një miliarda të sekondës.
Kjo qenie pafundësisht e vogël mund të mendojë se ne jemi "zot", dhe ai do të gabonte ashtu siç e kemi gabim nëse do të konsideronim se qenia që ne krijojmë është diçka hyjnore. Universi, duke qenë i pafund, nuk mund të ketë një qendër, gjë që përjashton mundësinë e ekzistencës së një perëndie të gjithëfuqishëm dhe të gjithëpranishëm.

Duke mirëpritur jashtëtokësorët

Pafundësia është e gjithëpranishme, ne jemi pjesë e saj dhe është pjesë e jona, por nuk ka fuqi mbi ne dhe "pafundësisht" tallet me vendimet dhe sjelljet tona. Më në fund, asgjë nuk na thotë se qenia e madhe, parazitët e së cilës ne jemi vetëm një pjesë, është një burrë... fare mirë mund të jetë një qen ose një krimb toke.
E vetmja gjë që Elohimi mund të provonte ishte se ishte diçka e gjallë.

Arka e Noes: një anije kozmike

Kërkesë:

Në mesazhe thuhet se arka e Noes ishte një anije kozmike. Por disa vite më parë ata u gjetën në një akullnajë malore

Ararat, mbetjet e një varke që disa menduan se ishin rrënojat nga arka e Noes, e cila do të ishte një anije. Si të shpjegohet kjo?

Përgjigje:

Copat e drurit që u gjetën janë analizuar së fundmi dhe është kuptuar se këto mbetje datojnë shtatëqind vjet më parë, gjë që do të bënte që kjo arkë e Noes të datonte në periudhën rreth vitit 1200. Edhe sikur të pranohej se sistemet e datimit bëjnë gabime të mëdha dhe nëse do ta shumëzonim me tre, do të fitonim afërsisht dy mijë vjet, që do të vendoste përmbytjen në fillim të epokës së krishterë dhe kjo nuk është e saktë.
Më së shumti, edhe sikur një ditë të gjendeshin mbetjet e një anijeje prej druri që daton rreth pesë mijë vjet më parë, e cila do të korrespondonte me periudhën e "përmbytjes" së vërtetë, kjo përsëri nuk do të vërtetonte se arka e Noes ishte një varkë prej druri. Sigurisht, pranë malit Ararat, do të gjenden copa varkash prej druri që datojnë në kohën e përmbytjes së vërtetë, pasi kur Noeu ndërtoi anijen e tij hapësinore të destinuar të shpëtonte disa njerëz nga shkatërrimi, në portet e vendit të tij kishte varka me byk druri. që u morën nga dallgët e mëdha të baticës gjatë shpërthimeve të mëdha që do të shkatërronin çdo formë jete në tokë.
Ashtu si sot në Florida ju mund të shihni, jo shumë larg raketave më moderne amerikane që çojnë kozmonautët në Hënë, varka të mrekullueshme me vela me byk druri dhe jahte të mrekullueshëm që u përkasin miliarderëve amerikanë.

Duke mirëpritur jashtëtokësorët

Në rast të një lufte atomike, disa shpërthime mund të shkaktojnë valë të mëdha baticash që do t'i çonin këto anije në malet më të afërta si kashtë.
Çdo i mbijetuar, duke gjetur mbetjet e këtyre varkave disa shekuj më vonë, mund të mendojë se kjo duhet të ketë ndodhur
një përmbytje e madhe për t'i sjellë atje... dhe duke pasur parasysh atë që raportojnë disa shkrime që thonë se disa njerëz u shpëtuan nga kjo përmbytje dhe se ata u ruajtën në bordin e një anijeje, atëherë ata do të ishin të sigurt se ishte pikërisht anija në fjalë.
Ekziston një pikë shumë e rëndësishme që na lejon të kuptojmë mirë se përmbytja nuk ishte rezultat i shiut të vazhdueshëm siç paraqitet zakonisht, por më tepër fryt i një kataklizmi kolosal që ndryshoi tërësisht dhe brutalisht sipërfaqen e tokës. Nëse do të kishte qenë thjesht një shi i pandërprerë, të gjitha varkat do të ishin shpëtuar dhe për këtë arsye të gjithë marinarët dhe lundruesit e kohës do të kishin mbijetuar pa problemin më të vogël.
Mirëpo, shkruhet qartë se kanë shpëtuar vetëm ata që kanë qenë në enën e Noes dhe kjo është krejt normale pasi ka qenë e vetmja enë... hapësirë!

Jetë pas jetës ose ëndërr dhe realitet

Kërkesë:

Kohët e fundit është botuar një libër i cili mbledh dëshmitë e njerëzve që ranë në koma, por që u kthyen në jetë dhe që tregojnë pak a shumë të njëjtat vizione që patën kur u afrua vdekja e tyre: vizion i njerëzve harmonikë duke kënduar, me rroba të bardha. , vizioni i personave të zhdukur etj. Ju thoni që pas vdekjes nuk ka asgjë nëse Elohimët nuk ndërhyjnë për të rikrijuar ata që vdesin. Si e shpjegoni këtë përputhshmëri të dëshmive dhe a nuk do ta vërtetonte kjo ekzistencën e një shpirti?

Përgjigje:

Gjithçka që ndodh në trurin e njeriut është vetëm rezultat i reaksioneve elektrokimike. Pavarësisht nëse është dashuri, urrejtje, kënaqësi, vuajtje, imagjinatë ose ndonjë gjendje tjetër mendore, ndjenjë ose sëmundje, procesi në të gjitha rastet mbështetet në reaksionet kimike që ndodhin brenda trurit dhe që vijnë nga mesazhet elektrike, qofshin ato vizive, dëgjimore, të bazuara. në kujtesë ose në një interpretim të fakteve të reja falë elementeve që ruhen në kujtesë.
Kur një njeri merr frymë me zë të lartë dhe të shpejtë, ai ndihet shpejt i dehur.

Duke mirëpritur jashtëtokësorët

Nëse keni njëqind njerëz që bëjnë të njëjtën gjë, dëshmitë e tyre do të pajtohen. Nëse i bëni njëqind njerëz të vrapojnë për një kilometër, të gjithëve do t'u merret fryma përsëri. Një fenomen i caktuar korrespondon me një reagim fizik të caktuar i cili do të jetë i njëjtë për të gjithë.

Kur një individ bie në koma, truri i tij ujitet me gjak në një mënyrë të caktuar, prandaj qelizat e trurit të tij oksigjenohen në një mënyrë të caktuar, dhe këto të dhëna kimike prodhojnë disa reaksione që janë afërsisht të njëjta për të gjithë. Nëse vendosni acid në gur gëlqeror, gjithmonë do të merrni shkumë. Nëse goditni njëqind njerëz në kokë aq fort sa të bien në koma, të gjithë do të kenë përshtypjen se kanë parë të njëjtën gjë. Në fakt ata nuk do të bëjnë asgjë më shumë se të përshkruajnë atë që truri i tyre ka ruajtur në kujtesë duke filluar nga reaksionet kimike që ka pësuar. Është pak si kur ëndërron. Askush nuk do ta kishte idenë të thoshte se ai ëndërronte të ndiqej nga një dem i gjatë dhjetë metra që po pështynte flakët dhe, pasi takoi dhjetë persona të tjerë që kishin ekzaktësisht të njëjtën ëndërr, të pretendonte se kjo është provë e ekzistencës së demave. 10 metra e lartë që pështyn flakë... Të gjithë pak a shumë kemi ëndërruar të fluturojmë thjesht duke i dhënë një shtytje të vogël me gishtat e këmbëve, por askujt nuk do t'i shkonte mendja të besonte se kjo është vërtet e mjaftueshme për të bërë një xhiro me të. dallëndyshet, ose se kjo duhet të jetë e mundur sepse miliona njerëz e kanë ëndërruar atë... Njeriu nuk duhet t'i marrë ëndrrat e veta si realitet, edhe nëse duhet të përpiqet t'i realizojë ato teknikisht duke përdorur shkencën dhe duke ndërtuar pajisje që lejojnë, për shembull, të në fakt fluturoni një ditë.

Nuk është aspak çudi që të gjithë personat që kanë qenë në koma kujtojnë se në këto momente kanë qenë në gjendje mirëqenieje dhe nuk kanë pasur dëshirë të kthehen "në trupin e tyre". Do të ishte më e saktë të thoshim se ata nuk donin të rifitonin vetëdijen për trupin e tyre, njësoj si kur shihni një ëndërr shumë të këndshme dhe përpiqeni të flini përsëri për të gjetur lumturinë që përjetuat në shoqërinë e një qenieje të kundërt. seksi, për shembull.

Fakti që të gjithë pacientët në gjendje kome përshkruajnë pak a shumë të njëjtën gjë dëshmon se këto janë reaksione kimike identike që ndodhin në trurin e njeriut, prandaj edhe ata janë identikë në reagimet e tyre ndaj fenomeneve elektrike. Nëse elektroda implantohen në një mijë tru njerëzor, në të njëjtën zonë, dhe dërgohet një impuls elektrik, të gjithë do të ndjejnë të njëjtën ndjesi dhe do të kenë të njëjtat vizione. Kjo është pikërisht ajo që ndodh në momentin e vdekjes.

Nëse disa njerëz të privilegjuar kanë të drejtën e rekreacionit në planetin e të Përjetshmëve pas vdekjes së tyre, kjo ndodh kur vdekja është reale, totale dhe asgjë nuk ndodh për sa kohë që një qenie, qoftë edhe në gjendje kome, mbetet e gjallë.

Duke mirëpritur jashtëtokësorët

Niveli i evolucionit shkencor të Elohim

Kërkesë:

Nuk duket të ketë një boshllëk qytetërimi aq të madh sa të imagjinohet se Elohimët janë njëzet e pesë mijë vjet përpara nesh. Kemi përshtypjen se ajo që ata bëjnë do të na marrë më pak kohë për të bërë. Si ka ardhur?

Përgjigje:

Për të raportuar atë që kisha parë, përdora fjalë që burrat e sotëm mund t'i kuptojnë, duke më vënë psikologjikisht pranë shumicës së atyre që jetojnë në vendet e zhvilluara teknologjikisht. Në fakt, aftësitë dhe niveli teknologjik i Elohim janë të paimagjinueshme. Ajo që ne bëjmë në fund të shekullit të 20-të të epokës së krishterë do të dukej e mrekullueshme në sytë e evropianëve që jetuan vetëm njëqind vjet më parë dhe indianëve të Amazonës që ende jetojnë në pyjet e tyre sot. Por ajo që mund të bëjnë krijuesit tanë do të dukej po aq e mrekullueshme për shkencëtarët tanë më të avancuar nëse Elohim do t'ua tregonte atë. Ata normalisht nuk do të bëjnë asgjë të tillë, pasi nuk duan të na bëjnë të rikthehemi në një kontekst keqkuptimi që fatalisht do të rezultonte në një rivlerësim të besimeve që gjenerojnë fe primitive. Ata shpresojnë që ne të vazhdojmë së pari të përpiqemi të kuptojmë çështjen dhe forcat që na rrethojnë vetëm me përpjekjet tona. Ashtu si në fillim më shfaqeshin me drita vezulluese dhe një kostum zhytjeje për të mos më çorientuar shumë, pavarësisht se mundën të shfaqeshin menjëherë pranë tokës si me rastin e takimit të dytë të Roc Plat, kështu mund të tregonin burrat kanë aftësi teknike që as shkencëtarët më me imagjinatë nuk do të ishin në gjendje ta kuptonin vetëm me mjetet që disponojnë.

Për shembull, ata janë në gjendje të bëjnë, me grimcat pafundësisht të mëdha që janë të gjithë planetët dhe sistemet diellore, atë që ne ende bëjmë me shumë vështirësi me grimcat pafundësisht të vogla, si elektronet ose neutronet. Dua të them se ata janë në gjendje të modifikojnë trajektoret e planetëve të sistemeve të caktuara diellore dhe madje të lëvizin sisteme të tëra diellore. Kjo, duke përdorur valë që ne ende nuk i dimë.

Për t'u kthyer tek ajo që përshkruhet në dy mesazhet e para, megjithatë duhet të pranojmë se midis nivelit të shkencës sonë aktuale tokësore dhe zotërimit të rekreacionit shkencor që na lejon të kemi jetë të përjetshme, për të dhënë vetëm një shembull, ka ende një hap. se shkencëtarëve tanë do t'u duhet një kohë e gjatë për ta bërë këtë, edhe nëse nuk është krejtësisht e paimagjinueshme për ata që janë më mendjehapur.

Duke mirëpritur jashtëtokësorët

As zot, as shpirt, por Elohim dhe kod gjenetik

Kërkesë:

Në Mesazhe është shkruar se Zoti nuk ekziston, pasi universi është i pafund dhe për këtë arsye nuk mund të ketë një qendër, dhe se nuk ka shpirt, pjesërisht për të njëjtat arsye. Por a nuk mund të besojmë se Elohim zëvendëson Zotin në mendjet e shumë Raelianëve dhe se mundësia për t'u rikrijuar në planetin e të Përjetshmëve zëvendëson nocionin e "shpirtit" që lejon saktësisht hyrjen në "parajsë"?

Përgjigje:

Zoti në fakt nuk ekziston, pasi universi është i pafund dhe i pafundmi nuk mund të ketë një qendër sipas definicionit, pikërisht sepse
është e pafund. Vlen të bëhet dallimi midis atyre në mendjet e të cilëve "zot" është një koncept që në fakt do të thotë diçka e pafundme, pra diçka e përjetshme, e gjithëpranishme dhe e pakapshme, por që nuk ka fuqi mbi individët që jemi ne, dhe atyre që fshihen pas fjala "zot" një qenie mjekërbardhë e ulur mbi një re që do të krijonte burra sipas shëmbëlltyrës së tij.
Në fakt, që nga origjina, ka pasur një amalgamë midis dy koncepteve, midis dy gjërave krejtësisht të ndryshme të cilat janë përfshirë nën të njëjtin emërtim, të cilat unë do t'i cilësoja si të pakontrolluara... Elohim u shpjegoi të parëve se nga njëra anë ishte e pafund, e pranishme kudo, e përjetshme, pjesë e së cilës ne jemi dhe që është pjesë e jona, dhe nga ana tjetër ata, Elohim, që na krijuan sipas imazhit të tyre.
Pak nga pak, vetitë e pafundësisë iu atribuan Elohim-it dhe kjo është pjesërisht e vërtetë pasi ato janë të Përjetshme. Pafundësisë i është atribuar gjithashtu fuqia për t'u shfaqur duke na dërguar lajmëtarë qiellorë, krijuesit tanë, gjë që është gjithashtu pjesërisht e vërtetë pasi Elohimët janë disi një instrument i pafundësisë në krijimin e qenieve inteligjente në ngjashmërinë e tyre. Por pafundësia nuk na vëzhgon drejtpërdrejt, vazhdimisht dhe nuk ka vetëdije për veprimet tona individuale. Për të pafundmën, nëse Njerëzimi hyn në epokën e artë apo vetëshkatërrohet, nuk ka asnjë rëndësi, më shumë se molekula e gishtit tonë që lëmë në një pëlhurë ndërsa e përkëdhelim ka për ne. Në lidhje me pafundësinë, është e natyrshme që përzgjedhja ekziston në të gjitha nivelet, si për njeriun apo qenin e të cilit toka jonë është vetëm një atom i kafkës ose i gozhdës, ashtu edhe për diellin që i ndriçon ato ose për miliarda planetë të banuar që janë në miniaturën tonë.

Duke mirëpritur jashtëtokësorët

Ata që mendojnë se "zoti" është pafundësia, siç mësojnë shumica e feve lindore, kanë të drejtë, për aq kohë sa në kokën e tyre është një koncept pa identitet dhe pa asnjë vetëdije për ekzistencën tonë personale apo për ndonjë gjë tjetër.

Njerëzit që identifikojnë "zotin" me krijuesit tanë, Elohim, nuk gabojnë aspak për sa kohë që nuk i bëjnë qenie për t'u nderuar në gjunjë ose në bark, por vëllezërit më të mëdhenj të së pafundësisë që ne duhet t'i duam. siç do të shpresonim të na donin ata që do të krijojmë një ditë.

Sa i përket "shpirtit", është një koncept, etimologjia e të cilit duhet rizbuluar për ta kuptuar plotësisht. Fjala "anima" vjen nga latinishtja "anima" që do të thotë "frymë e jetës" ose "ajo që gjallëron". Ju mund të analizoni përbërjen e saktë të trupit të njeriut dhe më pas t'i përzieni të gjithë këta përbërës kimikë së bashku, por kjo nuk do të thotë që ju merrni një qenie të gjallë. Do të mungojë diçka që është në gjendje të sigurojë që e gjithë kjo çështje të bashkohet, të artikulohet dhe të organizohet sipas një plani të përcaktuar mirë. Mund të marrim të gjithë materialin që përbën shtëpinë që do të donim të kishim, rreth dhjetë tonë gurë, një ton çimento, njëqind kilogramë bojë, dy lavamanë, një vaskë etj., dhe t'i grumbullojmë të gjitha. Kjo nuk do të thotë që ju do të merrni një shtëpi. Gjëja më e rëndësishme do të mungojë: projekti. Për njerëzit është saktësisht e njëjta gjë: nevojitet një projekt. Dhe ky projekt është kodi gjenetik që siguron që, duke mbledhur një sasi minimale të lëndës për të formuar një qelizë të parë që përmban një plan qelizor, njeriu mund të konsiderohet praktikisht i përfunduar. Kjo qelizë e parë do të përdorë lëndën që i është dhënë si ushqim për t'u ndarë në dy, pastaj në katër, pastaj në tetë qeliza e kështu me radhë, duke ndjekur një plan të saktë derisa të plotësohen të gjitha informacionet që përmban "manuali udhëzues" gjenetik.

Çdo qenie e gjallë ka këtë kod gjenetik i cili ndryshon sipas specieve dhe gjithashtu sipas individëve që i përkasin të njëjtës specie për disa detaje, si ngjyra e syve, flokët, karakteri etj. Bibla thotë gjithashtu shumë qartë se çdo qenie e gjallë ka një "shpirt" dhe jo vetëm njerëzit: "Nuk do të hani mish që ka gjakun e tij në të. Sigurisht që do të kërkoj llogari për gjakun tënd, domethënë për jetën tënde; do të kërkoj llogari për të nga çdo kafshë; Do të kërkoj llogari për jetën e njeriut nga dora e njeriut, nga dora e secilit prej vëllezërve të tij!". (Zanafilla, IX, 4 dhe 5). Në fakt jeta e gjallesave është në gjak. (Levitiku, XVII, 11.).

Prandaj nuk ka shpirt eterik që fluturon butësisht nga trupi pas vdekjes, por ekziston një kod gjenetik që dikton personalitetin e secilit. Dhe është falë kodit gjenetik që Elohimët rikrijojnë ata që e meritonin falë veprimeve të kryera gjatë ekzistencës së tyre në Tokë, për t'u dhënë atyre jetën e përjetshme në planetin e tyre.

Zoti nuk ekziston, por ekzistojnë krijuesit tanë, Elohimët, të cilët duam t'i mirëpresim ashtu siç e meritojnë dhe tek të cilët kemi besim, domethënë besim. Dhe nuk ka shpirt autonom që largohet nga trupi pas vdekjes, por ekziston kodi gjenetik që ju lejon të keni akses në jetën e përjetshme.

Feja e pafundësisë

Kërkesë:

Lëvizja Raeliane është një fe ateiste e cila synon të përhapë mesazhet e çmitizimit të dhëna nga Elohim në tokë dhe të ndërtojë një ambasadë në të cilën ata do të vijnë për të kontaktuar me sundimtarët e tokës. Le të imagjinojmë se njerëzit demonstrojnë mençuri dhe arrijnë të shmangin vetëshkatërrimin. Le të imagjinojmë se ambasada është ndërtuar
dhe se Elohim një ditë do të arrijë. Për çfarë do të shërbente atëherë feja Raeliane dhe cili do të ishte qëllimi i saj?

Përgjigje:

Nëse e gjithë kjo ndodh, dhe jam i bindur se do të ndodhë, edhe nëse ka vetëm një shans në njëqind që njerëzit të zgjedhin rrugën e mençurisë, feja e qenieve njerëzore do të bëhet e njëjtë me Elohim: e pafundme. Dhe arsyeja e ekzistencës së Udhërrëfyesve Raelian do të bëhet mësimi i teknikave që na lejojnë të jetojmë në harmoni me pafundësinë (siç është shkruar shkurtimisht në kapitullin "çelësat" e mesazhit të dytë), dhe të meditimit sensual. Me një fjalë, ata do të mësojnë gjithçka që i lejon qenieve njerëzore të rrisin nivelin e vetëdijes, të përsosin perceptimin e shkëmbimeve dhe reaksioneve elektrokimike që ndodhin në tru.

Feja e pafundësisë është fe e absolutes dhe është domosdoshmërisht e përjetshme. Fakti që qeniet që janë njëzet e pesë mijë vjet përpara nesh janë besnike ndaj kësaj feje, është dëshmi se është feja absolute dhe e përjetshme e çdo specieje të gjallë që ka fituar një nivel të vetëdijes universale, pra të pafund. Seminaret zgjuese që ne organizojmë rregullisht përbëjnë një qasje ndaj kësaj feje të pafundësisë përmes meditimit sensual.

Duke mirëpritur jashtëtokësorët

E ardhmja e feve tradicionale

Kërkesë:

Nëse Elohimët vijnë në ambasadë të shoqëruar nga Moisiu, Jezusi, Buda, Muhamedi dhe të gjithë profetët e mëdhenj që jetojnë në planetin e të Përjetshmëve, çfarë do të bëhet me fetë aktuale?

Përgjigje:

Shumica e individëve do t'i bashkohen Lëvizjes Raeliane, të paktën për aq sa praktikuesit janë besnikë ndaj shkrimeve të këtyre feve dhe janë mjaft inteligjentë dhe mendjehapur për të kuptuar. Fatkeqësisht, një pjesë e madhe e fanatikëve të kufizuar, të udhëhequr nga kleri i këtyre feve, të cilët kanë frikë të humbasin burimin e të ardhurave, do ta kundërshtojnë këtë anëtarësim të përgjithshëm.

Ata do të përdorin si justifikim që Elohimët janë uzurpues ose se janë dërguar nga "djalli" dhe, përballë Krishtit të tyre, do të fillojnë ta kryqëzojnë përsëri me gëzim, ashtu si inkuizitorët do ta kishin djegur Jezusin si magjistar nëse kishte pasur fatin e keq që në atë kohë të binte në duart e tyre.

Kohët e fundit pata mundësinë të ha drekë me një nga drejtuesit e komunitetit hebre në Montreal. Gjatë drekës, e pyeta se çfarë do të kishte bërë nëse vetë Moisiu do t'i thoshte të vepronte ndryshe tani nga sa përshkruhet në Dhiatën e Vjetër. Përgjigja e tij ishte: "Unë do të vazhdoj të zbatoj atë që është shkruar në Bibël." Shumë njerëz janë të tillë dhe është një nga problemet që lindin që Elohim të njihet nga njerëzit. Ata duhet të jenë më të fortë se besimet që kanë krijuar.

Nëse nesër Elohim zbarkoi diku në botë dhe u shpjegonte mediave dhe pushtetarëve që kishin ardhur për t'i takuar se Zoti nuk ekziston, nuk ka shpirt, dhe nëse do ta paraqitnin Jezusin në mish dhe do të thoshin se kush është ai, a mendoni se Vatikani do ta vinte kaq lehtë pasurinë e tij në dispozicion? Sigurisht që jo, pasi sistemi ka marrë përsipër qëllimet themelore të fesë katolike.

Të gjitha murgeshat janë gra të Jezusit. Të jesh bashkëshorti i një qenieje që nuk ekziston materialisht, megjithëse njeriu beson se diku është gjallë, dhe të mërzitet nëse kthehet vërtet: ky është problemi i femrës.

Siç tha një mendimtar i madh, nuk është e mundur të ndryshohen papritur mendimet e njerëzve, ata thjesht vdesin dhe zëvendësohen nga të tjerë më të avancuar që kanë një mendim tjetër. Koha punon për ne.

Natyrisht, një bërthamë e vogël fanatikësh të kufizuar do të mbetet gjithmonë, por ajo do të zhduket vetë, pasi fanatikët e feve parakristiane që martirizuan të krishterët e parë u zhdukën dhe besimet e të cilëve janë zhdukur plotësisht.

Duke mirëpritur jashtëtokësorët

Problemi do të lindë vetëm nëse Elohimët mbërrijnë në Tokë përpara se besimet aktuale primitive të jenë zhdukur plotësisht.

Raeelizmi dhe Gjeniokracia

Kërkesë:

Ju botuat librin "Gjeniokracia", mbi bazën e të cilit u strukturua një lëvizje politike, Lëvizja për Gjeniokracinë Botërore. A nuk po përpiqeni të përdorni një lëvizje fetare për të imponuar një doktrinë politike?

Përgjigje:

Shumë Raelianë ishin veçanërisht të interesuar për kapitullin e mesazhit të parë që shpjegonte organizimin politik të planetit të Elohim, dhe më kishin kërkuar që ta zhvilloja këtë ide në një manifest që do t'i ndihmonte ata të krijonin një lëvizje politike që do të mbështeste këtë ideologji. Meqenëse Elohimët shpresojnë që ne të favorizojmë futjen e Gjeniokracisë në Tokë, duke i lënë njerëzit të lirë të gjejnë më mirë nëse munden, prandaj kam rënë dakord të shkruaj këtë manifest. Dhe më pas raelianët që ishin veçanërisht të interesuar për Gjeniokracinë krijuan partinë në fjalë dhe madje paraqitën një kandidat në zgjedhje, vetëm pak muaj pas lindjes së partisë.

Personalisht, qëndrimi im është shumë i qartë në të gjitha vendet ku Gjeniokracia po bën progres. Unë jam në tokë, para së gjithash, për të kryer misionin tim që konsiston në përhapjen e mesazheve të krijuesve tanë dhe ndërtimin e ambasadës që ata kërkojnë. Njerëzit që merren me Gjeniokracinë e dinë që unë i kushtoj gjithë kohën time këtij misioni dhe, megjithëse shpresoj që të kenë rezultate të mira, problemet e tyre nuk më prekin shumë. Gjithashtu u kërkova të gjithë liderëve që kishin nisur këto lëvizje politike të gjenin sa më shpejt njerëz të aftë për t'i zëvendësuar dhe që nuk ishin

raelianë, në mënyrë që këta liderë të mund t'i përkushtoheshin asaj që në sytë e mi është gjëja më e rëndësishme: punojnë si udhërrëfyes.

Kjo nuk do të thotë se, nëse kandidatët gjenialë paraqiten gjatë zgjedhjeve, unë gjithmonë do t'i këshilloj Raelianët që të votojnë për ta. Është evidente se njeriu mund të jetë një Raelian dhe një gjeniusokrat në të njëjtën kohë, ashtu siç mund të jetë një demokrat dhe një i krishterë. Është e mundur të kesh një fe dhe gjithashtu një opinion politik. Por ti nuk je i detyruar të hysh në Partinë Gjeniokratike kur je Raelian, përkundrazi.

Unë jam i bindur se ju mund të bëni vetëm një gjë mirë në një kohë. Kjo është arsyeja pse unë gjithmonë rekomandoj Raelianët që të mos merren aktivisht me

Gjeniokracinë dhe t'ia lënë këtë detyrë jo-Raelianëve.
Kur punoni tetë orë në ditë dhe i kushtoni të gjithë kohën tuaj të lirë përhapjes së mesazheve, çdo minutë shpërndarjeje është e çmuar. Dhe nuk ka kuptim të sakrifikojmë një minutë të vetme të kohës që i kushtojmë përhapjes së fjalës së krijuesve tanë për të ndihmuar një lëvizje politike. Prandaj duhet bërë një zgjedhje. Një parti politike nuk është aspak e rëndësishme në raport me mesazhet e Elohim. Unë kam vënë në lëvizje një tren, trenin e gjeniokracisë, dhe tani po llogaris te jo-Raelianët për të udhëhequr këtë tren. Ndoshta ky tren do të bëhet i madh dhe do të ndihmojë në shpëtimin e Njerëzimit. Mund të ndodhë që burrat të shpëtojnë veten pa ndihmën e gjeniut, edhe nëse arrijnë atje më vonë. E sigurt është se ambasada do të ndërtohet sa më shpejt. Ky është mendimi im i vetëm, shqetësimi im i vetëm dhe duhet të jetë gjithashtu mendimi dhe shqetësimi i vetëm i Raelianëve të vërtetë. Ndërtimi i ambasadës së krijuesve tanë dhe mirëpritja e tyre në shoqërinë e lajmëtarëve të lashtë, Moisiut, Jezusit, Muhamedit, Budës, etj., ky është prioriteti i prioriteteve dhe arsyeja e ekzistencës sime në tokë. Kjo duhet të bëhet edhe arsyeja e ekzistencës për ata që duan të më ndihmojnë.

Kush e krijoi krijuesin e krijuesve?

Kërkesë:

Elohim na krijoi ne, dhe jashtëtokësorë të tjerë i krijuan ata. Por kush i krijoi krijuesit e Elohim?

Përgjigje:

Është më e lehtë për qeniet njerëzore të konceptojnë pafundësinë në hapësirë sesa pafundësinë në kohë. Kur flasim për pafundësinë në hapësirë, është e mundur, pasi të kemi arritur një hapje të mjaftueshme mendore, të kuptojmë se toka është një grimcë e atomit të një atomi të dorës së një qenieje gjigande, e cila nga ana tjetër sodiston një qiell në të cilin yjet shkëlqim që përbëjnë dorën, barkun ose këmbën e një qenieje edhe më gjigante që gjendet nën një qiell etj., e kështu me radhë ad infinitum. Po kështu për pafundësisht të voglat... në atomet e atomeve të dorës sonë ka qenie inteligjente për të cilat këto grimca janë planetë dhe yje, dhe këto qenie janë të përbëra nga atome, grimcat e të cilëve janë yje dhe planetë në të cilët ka qenie të gjalla inteligjente. , etj., pra ad infinitum.
Megjithatë, kur bëhet fjalë për pafundësinë në kohë, qeniet njerëzore e kanë shumë më të vështirë ta konceptojnë atë. Sepse njeriu lind një ditë, jeton një numër të caktuar vitesh dhe vdes dhe do të donte që gjithçka në univers të ishte

Duke mirëpritur jashtëtokësorët

si ai, e kufizuar në kohë. Ideja se çdo gjë në univers mund të jetë e përjetshme është e padurueshme për njeriun e pazgjuar, edhe nëse do të ishte vetë universi. Dhe shkencëtarët e sotëm nuk i shpëtojnë këtij rregulli. Ata deklarojnë se universi mat një numër të caktuar kilometrash dhe se ai ka ekzistuar për një numër të caktuar miliona vjetësh. Por është e mundur vetëm të matim atë që ne perceptojmë për universin, qoftë në hapësirë apo kohë.

Në vend të kësaj, gjithçka është e përjetshme, qoftë në formën e materies apo të energjisë, dhe ne vetë jemi të përbërë nga materia e përjetshme.

Elohimët u krijuan nga qenie të tjera nga një planet tjetër, të cilët, nga ana tjetër, u krijuan nga qenie të tjera nga një planet tjetër dhe kështu me radhë ad infinitum.

Të kërkosh një fillim të universit në kohë është po aq marrëzi sa të kërkosh një në hapësirë. Le të marrim shembullin e qenieve që jetojnë në një nga grimcat e një atomi në dorën tonë, për të cilët kjo grimcë është një planet. Për sa i përket hapësirës, shkencëtarët e këtij planeti mikroskopik, i vendosur për shembull në qendër të palcës së kockës së falangës së parë të indeksit tonë, para së gjithash do të thonë se grimcat e tjera të vëzhguara prej tyre me sy të lirë rrotullohen rreth qendra e botës, planeti i tyre, grimca në të cilën ata gjenden. Në fakt, gjëja e parë që do t'u duket e dukshme është se planeti i tyre është qendra e universit. Atëherë ata do të përparojnë aq sa një gjeni mund të thotë një ditë se dielli i tyre nuk lëviz rreth planetit të tyre dhe se as yjet nuk rrotullohen më rreth botës së tyre të vogël, dhe se është planeti i tyre që rrotullohet në vetvete në një qiell të palëvizshëm. , ndërsa në të njëjtën kohë rrotullohen rreth diellit të tyre. Ai me siguri do të digjet si heretik nga magjistarët inkuizitorë të grimcave të planetit, por do të vijë një ditë kur, falë instrumenteve vëzhguese të përsosura gjithnjë e më shumë, do të kuptojmë se ai kishte të drejtë.

Atëherë njerëzit e ditur dhe të mençur të kësaj epoke do ta masin universin me shumë modesti, duke thënë se ai shtrihet nga grimca-ylli më i largët i vendosur në njërin skaj të qiellit deri te grimca-ylli më i largët që ndodhet në skajin tjetër. Kjo në fakt do të përfaqësojë vetëm një të miliardën e një miliarda të rajonit të gishtit tonë ku ata ndodhen. Por duke qenë se ata nuk do të jenë në gjendje të shohin më tej, ata do të nxjerrin përfundimin se universi ndalon aty ku ata nuk shohin më asgjë.

Pastaj teknikat e vëzhgimit do të bëjnë përparim të mëtejshëm dhe ne do të fillojmë të kuptojmë se ekzistojnë galaktika të tjera, madje edhe grupime galaktikash. Por kujt i intereson... kjo do të vërtetojë se universi është thjesht më i madh nga sa e imagjinonte dikush. Gjithmonë do të masë një numër të caktuar prej miliarda kilometrash ose vite drite, do të jetë pak më i madh se më parë, ndoshta dhjetë ose njëqind herë më i madh.

më shumë, por gjithmonë do të ketë një masë të caktuar. Ne në tokë jemi në këtë pikë të përparimit tonë. Por le të kthehemi te planeti i vogël që ndodhet në gishtin tonë.

Duke mirëpritur jashtëtokësorët

Shkenca përparon gjithnjë e më shumë dhe banorët e falangës sonë arrijnë të nisen në eksplorime hapësinore gjithnjë e më të guximshme. Ata gjithashtu arrijnë kufirin e kockës së cilës planeti i tyre është një atom atomi, dhe kështu ata mund të sigurojnë me siguri se universi mat kaq shumë. Prova: përtej kësaj nuk ka më asgjë të dukshme.
Por me kalimin e kohës, ata kalojnë pafundësinë që ndan kockën e falangës tonë nga muskuli dhe universi i tyre fiton edhe më shumë dimension. Pastaj ata do të përmirësojnë më tej enët e tyre hapësinore dhe do të arrijnë në shtresën e lëkurës që mbulon gishtin tonë. Dhe kaq, universi i tyre mat, sipas shkallës sonë, një centimetër e gjysmë, ndërsa sipas shkallës së tyre mat një numër të caktuar vitesh drite.
Ata do të duhet vetëm të thellojnë më tej eksplorimet e tyre hapësinore në pjesën tjetër të trupit tonë, duke ndjekur rryma të caktuara në të cilat yjet lëvizin në mënyrë misterioze me shpejtësi të paimagjinueshme, korridore gjigante prej të cilave do të vizatojnë harta që do t'i lejojnë ata të largohen dhe të kthehen në planetin e tyre. Por ata me siguri nuk do ta dinë se këto janë enët tona të gjakut. Universi i tyre do të jetë i matur, i kufizuar dhe do të ketë një lartësi të caktuar, një gjerësi të caktuar dhe një thellësi të caktuar. Sasi të mëdha vitesh drite, bazuar në shkallën e tyre, një metër shtatëdhjetë e pesë për ne.

Ata nuk do të jenë ende të vetëdijshëm se këmbët tona mbështeten në tokën e një planeti që u ofron atyre një sasi galaktikash që asnjë nga truri i tyre i kufizuar, i etur për të vendosur kufij kudo, nuk mund ta imagjinonte. Sasia e atomeve që përmban toka në raport me atë që përmban trupi ynë është e pamatshme.
Më vonë ata do të duhet të ndërgjegjësohen se ka të tjerë "burra universi" si ne që ecin në këtë planet dhe se ka yje të tjerë në qiell, galaktika të tjera, e kështu me radhë ad infinitum.

Vetëm disa të urtë, të cilët kishin arritur një nivel më të lartë të vetëdijes dhe që ishin në harmoni me pafundësinë, ua kishin mësuar të gjitha këto dishepujve të tyre në një epokë në të cilën për shkencëtarët zyrtarë universi mat vetëm disa miliarda të miliardat e milimetrit. të kockës së gishtit tonë dhe që ata mund ta vëzhgonin nga brenda...
Për sa i përket konceptimit të pafundësisë në kohë, është saktësisht e njëjta gjë. Shkencëtarët e kësaj mini-bote mund të llogarisin moshën e universit të tyre duke llogaritur moshën e molekulës së cilës planeti i tyre do të ishte atomi i një atomi, dhe universi do të kishte këtë moshë; atëherë ata do të kuptonin se mosha e qelizës, molekula e së cilës konsiderohej prej tyre si tërësia e universit dhe që përfaqëson vetëm një pjesë të vogël të tij, është shumë më e rëndësishme; atëherë ata do të zbulonin se mosha e gjymtyrës së cilës është vetëm një pjesë kjo qelizë është shumë më e madhe, për të arritur më pas moshën e qenies së cilës kjo gjymtyrë është vetëm një pjesë, e kështu me radhë ad infinitum.

Duke mirëpritur jashtëtokësorët

Cili është kuptimi i të jetuarit?

Kërkesë:

Cili është kuptimi i të jetuarit?

Përgjigje:

Siç thonë mesazhet, gjërat duhet të gjykohen gjithmonë në katër nivele. Në lidhje me të pafundmën nuk ka asnjë dobi. Jeta jonë dhe e gjithë njerëzimit nuk janë asgjë në krahasim me pafundësinë. Nëse do të vdisnim dhe nëse i gjithë njerëzimi do të zhdukej, asgjë nuk do të ndryshonte në pafundësinë e hapësirës dhe kohës. Qenia e madhe, parazitët e së cilës ne jemi të një grimce të një atomi, do të vazhdonte të ekzistonte pa kuptuar asgjë. Nga ana tjetër, për këtë qenie, e gjithë historia e njerëzimit, duke filluar nga krijimi i tij, zgjati vetëm një të miliardën e sekondës. Qeniet e gjalla në atomet e atomeve të dorës sonë do të vazhdonin të ekzistonin sikur asgjë nuk do t'u kishte ndodhur, edhe nëse atomi në të cilin ndodhet universi i tyre u fundos në tokë, brenda rrjedhës së gjakut që pikon nga gishti ynë i amputuar. nga një shpërthim, për shembull. Dhe edhe nëse kjo pikë gjaku do të gëlltitet nga një krimb që ruan atomin në të cilin gjendet universi i tyre për të formuar qeliza të reja në fazën e rritjes, kjo nuk do t'i dëmtonte aspak qeniet e gjalla të kësaj bote të vogël, as qeniet e gjalla në atomet që përbëjnë qelizat e gishtave të tyre...

Në lidhje me Elohim-in, jeta jonë është shumë e rëndësishme, pasi ne jemi fëmijët e tyre dhe duhet t'u tregojmë atyre se jemi krenarë që kemi pasur privilegjin të jemi krijuar sipas shëmbëlltyrës së tyre, domethënë të aftë të ndërgjegjësohemi për pafundësinë dhe të pafundmën. një ditë ne nga ana tjetër krijojmë qenie të krijuara sipas imazhit tonë.

Edhe në lidhje me shoqërinë njerëzore, jeta jonë është shumë e rëndësishme, pasi ne jemi rezultat i një linje të gjatë të mbijetuarish që u shpëtuan nga epidemitë, luftërat dhe që na bënë fryt të një seleksionimi të gjatë natyror. Ne duhet ta ndihmojmë njerëzimin të arrijë në atë Epokë të Artë që e ka merituar shumë dhe në të cilën do të hyjë. Ne jemi qelizat e këtij trupi të madh që është Njerëzimi dhe, në momentin e lindjes së këtij Njerëzimi, çdo qelizë, secili prej nesh është shumë i rëndësishëm dhe ka një rol specifik për të luajtur.

Së fundi, në lidhje me veten, jeta jonë ka rëndësinë që ne vetë ia japim. Nëse e njohim Elohim si krijuesit tanë dhe nëse pranojmë se duam të kontribuojmë në njohjen dhe përhapjen e mesazheve të tyre në mbarë botën për t'i lejuar njerëzit të arrijnë Epokën e Artë, atëherë do të na japë kënaqësi të kontribuojmë në këtë punë të pamasë dhe do të na bëjë kështu që është kënaqësi të jetosh për këtë.

Për t'iu rikthyer pyetjes që më bëre, të jetosh shërben për të pasur kënaqësinë e të jetuarit, qoftë kënaqësia e përhapjes së mesazheve të krijuesve tanë, apo kënaqësia për të kontribuar në hyrjen në Epokën e Artë apo për të përfituar kënaqësi nga duke e vënë veten në harmoni me të pafundmen, ose në ndonjë mënyrë tjetër.

Çfarë është kënaqësia?

Kërkesë:

Çfarë është kënaqësia?

Përgjigje:

Kënaqësia është reagimi i një organizmi që kryen një veprim të aftë për të prodhuar reaksione të këndshme kimike në të.
Një foshnjë e porsalindur që thith nga gjoksi i nënës përjeton kënaqësi, sepse uria i qetësohet dhe sepse reaksioni kimik që prodhon qumështi në papilat e gjuhës i jep një ndjesi të këndshme. Të gjitha shqisat tona ekzistojnë për të na dhënë kënaqësi, dhe Meditimi Sensual bazohet në një përmirësim në perceptimin e kënaqësisë të shkaktuar nga reaksionet kimike të transmetuara nga shqisat tona.
Çdo gjë që bëjmë në jetën tonë e bëjmë sepse na kënaq. Nuk ka asnjë akt të vetëm në gjithë ekzistencën tonë që nuk e bën këtë të bëhet për kënaqësinë e ta bërë atë. Personi që paguan taksat i paguan sepse i pëlqen të mos shkojë në burg duke refuzuar t'i paguajë. Gruaja që hidhet poshtë një makine për të shpëtuar fëmijën e saj e bën këtë sepse i jep kënaqësi ta shohë atë të mbijetojë edhe nëse do të lëndohej. Dhe ushtari që hidhet nën zjarrin e armikut për të shpëtuar batalionin e tij e bën këtë sepse i pëlqen të vdesë për shokët e tij. Kjo sjellje u soll në paroksizmin e saj nga pilotët vetëvrasës ose kamikazët japonezë.
Është e qartë se është e nevojshme të dallohen kënaqësitë e drejtpërdrejta, siç është kënaqësia e menjëhershme e sensualitetit të dikujt, nga kënaqësitë.
indirekte, të tilla si zgjedhjet e sjelljes për të cilat sapo folëm dhe që bëhen si reagim ndaj ndërhyrjeve të jashtme pa arritur një zhvillim të vetëdijshëm të mjeteve të perceptimit të mjedisit.
Vetëm kënaqësia e vetëdijshme, e marrë duke kërkuar të përmirësojë cilësinë e perceptimit të dikujt, është ndriçuese.
Ne jemi të lidhur me pafundësinë përmes shqisave tona. Një qenie që nuk mund të shihte, as të dëgjonte, as të nuhaste, as të prekte, as të shijonte, do të ishte një qenie krejtësisht e vdekur, edhe nëse zemra e tij vazhdonte të rrihte.
Ai nuk do të kishte asnjë vetëdije për veten ose për mjedisin përreth tij dhe për këtë arsye nuk do të kishte inteligjencë.
Është gjithashtu e rëndësishme të theksohet se si ata që janë të privuar

Duke mirëpritur jashtëtokësorët

nga përdorimi i njërës prej shqisave të tyre i zhvillojnë shqisat e mbetura më mirë se të tjerët. Njerëzit e verbër, për shembull, dëgjojnë tinguj që na ikin ose mund të lexojnë me majat e gishtave.

Është vërtetuar shkencërisht se qendra e kënaqësisë ndodhet në tru dhe është krijuar përvoja e lidhjes së kësaj pjese të trurit me elektroda që lejojnë dërgimin e shkarkimeve të vogla elektrike. Subjektet mbi të cilët u eksperimentua deklaruan se ajo që ata ndjenin ishte, në të njëjtën kohë, e ngjashme me orgazmën, me kënaqësinë e shkaktuar nga një zbulim ose me njohjen nderuese përpara një asambleje. Kështu ishte e mundur të vërtetohej, pas matjeve plotësuese, se është gjithmonë e njëjta qendër kënaqësie që stimulohet, si kur arrihet një orgazmë seksuale, ose kur një shpikës bën një zbulim, ose kur një artist krijon një kryevepër ose kur një ushtar. merr një dekoratë.

Më mirë akoma, një përvojë tjetër tregoi se nëse artistët zgjoheshin seksualisht gjatë krijimit, krijimtaria e tyre rritej.

Nuk mund të ketë asgjë më logjike se kjo. Kënaqësia rrit kreativitetin pasi zgjon të gjitha shqisat tona. Dhe një krijues duhet të lidhet me pafundësinë për të krijuar një vepër harmonike.

Prandaj, ne duhet të fokusojmë ekzistencën tonë në përmirësimin e cilësisë së perceptimit të kënaqësisë duke rritur ndjeshmërinë e shqisave tona. Kjo do të ndikojë, përveç faktit të thjeshtë për të shijuar më shumë shqisat tona, edhe atë të zhvillimit të aftësisë sonë për të shfrytëzuar plotësisht potencialin tonë krijimtarie dhe për këtë arsye për të bërë që i gjithë njerëzimi të përfitojë nga krijimet tona, duke përmirësuar kështu nivelin e ndërgjegjes së përgjithshme.

Kjo është pikërisht ajo që mësohet në seminaret e ringjalljes që ne organizojmë për Raelianët.

Duke përmirësuar nivelin e ndërgjegjes së individëve, niveli i ndërgjegjes së Njerëzimit përmirësohet dhe rriten shanset për të hyrë në Epokën e Artë.

Për të ndryshuar shoqërinë, së pari duhet të ndryshojmë individët që e përbëjnë atë. Dhuna gjenerohet gjithmonë nga qeniet njerëzore të pakënaqur. Duke përmirësuar lumturinë e individëve, ne ndihmojmë në uljen e potencialit për dhunë njerëzore. Për më tepër, shumë shpesh dhuna gjenerohet nga individë që besojnë se janë të pakënaqur dhe i gjithë arti i politikanëve qëndron në forcimin e kësaj ndjenje për të hequr pushtetarët në detyrë dhe më pas për të zënë vendin e tyre. Më pas, kjo e fundit do të bëjë sërish të njëjtën gjë me të njëjtat objektiva. Kjo ushqen një ndjenjë pakënaqësie e cila, pasi të jetë përforcuar për shkak të këtyre përmbysjeve të vazhdueshme, një ditë mund të çojë në një ndjenjë të përgjithësuar që ia atribuon shkakun e kësaj pakënaqësie një kombi tjetër. Kështu fillojnë luftërat.

Nëse çdo individ ndërgjegjësohet për pafundësinë me mjetet që ka në dispozicion, duke zhvilluar sensualitetin e tij, e gjithë shoqëria do t'i nënshtrohet një metamorfoze. Kjo duhet të fillojë me një ndërgjegjësim nga ana e qenieve më të zgjuara se mesatarja, të cilat, pasi të kenë arritur një nivel të caktuar, do të

Duke mirëpritur jashtëtokësorët

bëhen udhërrëfyes për rrethin e tyre dhe do t'i lejojnë të tjerët të kuptojnë plotësisht veten e tyre. Ata, nga ana tjetër, do të zgjojnë qeniet e tjera njerëzore e kështu me radhë.

Në këtë mënyrë, në mënyrë të padukshme, niveli i vetëdijes së Njerëzimit në tërësi do të ngrihet deri në atë pikë sa do të shmanget shpërthimi i një konflikti botëror që do të ishte fatal për të.

Ky proces tashmë është nisur falë mijëra demonstratave të vogla jo të dhunshme të zhvilluara në mbarë botën nga studentë apo intelektualë në favor të paqes apo çarmatimit të njëanshëm të këtij apo atij kombi, të përforcuara nga sistemi nervor qendror i njerëzimit që është televizioni.

Çdo individ kontribuon në çdo moment në zgjimin ose mbytjen e ndërgjegjes planetare. Nuk duhet të kesh frikë të influencosh të tjerët, për këtë jemi këtu. Por ne duhet t'i drejtojmë të gjitha përpjekjet, në çdo moment, në çdo fjali të shqiptuar, në mënyrë që gjithçka që themi dhe sjelljet tona të kenë një ndikim pozitiv në rrjedhën e historisë së njerëzimit.

Asnjëherë nuk duhet të përpiqeni të bindni të tjerët, sepse, kur një individ e kupton se dikush po përpiqet ta bindë atë, atëherë ai tenton të forcojë pozicionin e tij. Megjithatë, nëse zbulojmë se çfarë në filozofinë e tjetrit është e përputhshme me tonën, atëherë mund ta vëmë theksin në këtë pikë të përbashkët dhe, duke u nisur nga këtu, ta bëjmë bashkëbiseduesin tonë të zbulojë një rrugë të re që do të duket se e ka gjetur vetë.

Është marrëzi t'i thuash vetes se nuk dëshiron të influencosh askënd thjesht duke ndjekur rrugën tënde dhe duke i lënë të tjerët të ndjekin rrugën e tyre. Vetë fakti i mospërpjekjes për të ndikuar tek të tjerët ndikon shumë më tepër tek ata sesa nëse dikush mbështet diçka me fanatizëm. Njerëzit janë gjithnjë e më të kujdesshëm ndaj fanatizmit, çfarëdo qoftë ai, dhe kanë të drejtë.

Është një fillim i mençurisë.

Në tokë ka njerëz që kërkojnë të vërtetën dhe që ata demonstrojnë, dhe njerëz që kërkojnë të vërtetën dhe e fshehin atë, por nuk ka njerëz që nuk e kërkojnë atë. Dhe më pas ka njerëz që pretendojnë se e kanë gjetur atë dhe që e lavdërojnë atë, shpesh sepse janë të shqetësuar për ruajtjen e traditave, dhe njerëz që e kanë gjetur me të vërtetë dhe që e tregojnë atë: Raelianët.

Ata që e kërkojnë të vërtetën dhe që e thonë hapur janë ata që na intereson në radhë të parë, pasi janë të sinqertë dhe të hapur, përgjithësisht shumë inteligjentë dhe relativisht harmonikë. Në çdo rast, ato janë të mjaftueshme për të qenë gati për të pranuar një vizion të ri të botës pa pasur frikë se ky ndryshim do t'i traumatizojë deri në çekuilibër. Ata përfaqësojnë shumicën dërrmuese të Raelianëve të sotëm, pionierëve.

Ata që kërkojnë të vërtetën dhe që e fshehin atë, gjithashtu na interesojnë, por ata do të arrijnë tek ne vetëm kur të kenë luftuar frikën e tyre nga mendimi i të tjerëve.

Duke mirëpritur jashtëtokësorët

Ata që pretendojnë se e kanë gjetur dhe që e tregojnë do të na bashkohen kur të kuptojnë se asgjë nuk është konstante në univers dhe se është krejtësisht marrëzi të duash të ruash tradita që nuk korrespondojnë më me asgjë. Ata adhurojnë zakonet dhe traditat dhe nuk u intereson se cili mund të jetë në të vërtetë "zoti" i tyre.
Të gjithë këta njerëz e bëjnë këtë për kënaqësi. Të fundit që do të përmenden kënaqen kur mendojnë që fëmijët e tyre të bëjnë lutje pikërisht siç bëjnë ata, dhe do t'i mësojnë fëmijët e tyre ta bëjnë këtë në të njëjtën mënyrë. Shkolla do t'i mësojë këta fëmijë që njeriu vjen nga majmuni, por ç'rëndësi ka, ne duhet të respektojmë mësimin e shkollës pasi përfaqëson traditën dhe të respektojmë atë që thotë prifti pasi është traditë. Nuk duhet të pyesim pse dy mësimet janë të ndryshme.
Këtu është vendndodhja të këtyre adhuruesve të traditës. Ata që e quajnë veten të krishterë do ta kryqëzonin Jezusin edhe një herë nëse ai vetë do t'u kërkonte që të mos shkonin më në meshë të dielave ose të mos pagëzoheshin më fëmijët e tyre para se të arrinin moshën madhore.
Ata që kërkojnë të vërtetën, por e fshehin atë, kënaqen duke besuar se ajo që njerëzit mendojnë për ta është më e rëndësishme se kush janë ata në të vërtetë.
Ata nuk do ta kryqëzonin Jezusin dhe në thelb do të ishin edhe kundër, por nuk do të thoshin asgjë, nuk do të ndërhynin. Ata nuk duan të përfshihen në asnjë çështje, edhe nëse kjo përfshin mbrojtjen e asaj që për ta përfaqëson të vërtetën.
Kur të gjitha qeniet njerëzore gëzojnë plotësisht sensualitetin e tyre, nuk do të ketë më asnjë rrezik për një luftë botërore. Në rrënjë të dhunës, ka gjithmonë njerëz që janë sensualisht të pakënaqur. Kjo është arsyeja pse ne duhet të mësojmë të shijojmë të gjitha shqisat tona dhe t'i lëmë ata përreth nesh të zbulojnë sensualitetin e tyre. Dhe e gjithë kjo duhet të fillojë kur jeni fëmijë.
Nuk mjafton t'i mësojmë "si funksionon" (çfarë bën edukimi seksual), por duhet t'i mësojmë "si ta përdorin atë për të marrë dhe për të dhënë kënaqësi".
Ne duhet të zëvendësojmë edukimin seksual me edukimin sensual.
Kënaqësia është gjithmonë ndriçuese. E kam fjalën padyshim për kënaqësinë e drejtpërdrejtë dhe jo për kënaqësinë e ushtarit që sakrifikohet për shokët e tij.
Kënaqësia e drejtpërdrejtë, pra ajo që na zhvillon mjetet për t'u harmonizuar me të pafundmën, për t'u ndjerë pjesë e së pafundmes.
Qenia jonë nuk është gjë tjetër veçse një grumbullim atomesh të organizuar sipas një plani, kodit gjenetik. Këto atome ndërveprojnë vazhdimisht me mjedisin e tyre përmes një numri të pafund reaksionesh kimike për të cilat ne jemi ose nuk jemi të vetëdijshëm. Ngritja e nivelit të vetëdijes do të thotë të ndihesh gjithnjë e më i madh brenda vetes
numri i këtyre reaksioneve kimike, për ta vendosur veten më mirë në infinitin dhe për rrjedhojë të jenë më harmonikë. Kur ndihesh i lidhur me universin, i pafund, i përjetshëm, nuk është më e mundur të jesh i pakënaqur. po zbulon kënaqësinë e të qenurit.

Duke mirëpritur jashtëtokësorët

Çfarë është vdekja?

Kërkesë:
Çfarë është vdekja?

Përgjigje:
Vdekja, në raport me pafundësinë, nuk është asgjë. Çështja nga e cila ne jemi të përbërë është e përjetshme. Prandaj ne jemi të përbërë nga përjetësia. Përpara se të ishin në ne, grimcat pafundësisht të vogla që përbëjnë hundën tonë ekzistonin tashmë. Disa ishin në biftek që hëngri nëna jonë ndërsa ne po mbaronim rritjen tonë në barkun e saj dhe ata u fiksuan në fytyrën tonë duke kaluar nëpër trupin e saj, të tjerët ishin në frutat që hëngrëm dje dhe mbërritën në barkun tonë, pastaj në gjaku që na i futi në hundë. Dhe kjo vlen për çdo pjesë të trupit tonë. Pas vdekjes sonë do të ndodhë saktësisht e njëjta gjë. Këto grimca do të kthehen në tokë dhe disa do të fiksohen në kafshë, të tjera në bimë, të tjera, më të shumta, do të mbeten në tokë. "Sepse ti je pluhur dhe në pluhur do të kthehesh".
Për sa i përket tërësisë së formuar nga ky grumbullim i materies së organizuar që jemi ne, vdekja në vend të kësaj përfaqëson një kataklizëm përfundimtar.

Vdekja është fillimi i procesit të shpërndarjes së materies nga e cila ne jemi të përbërë.
Por për të kuptuar plotësisht se çfarë është vdekja, së pari duhet të kuptojmë mirë çfarë është jeta.
Jeta nuk është gjë tjetër veçse organizimi i të paorganizuarve. Të
Elohim erdhi në tokë kur nuk kishte jetë në të. Nuk kishte gjë tjetër veç materie të çorganizuar në nivelin tonë, në nivelin që ne e quajmë biologjik.
Ata e morën këtë çështje, e "formuan" siç thotë Bibla dhe e "formësuan" për të krijuar qenie të gjalla. Me sa duket, ky "formim" duhet kuptuar në një nivel molekular dhe jo si një prodhim qeramike... por për një primitiv niveli molekular nuk ekziston. Për të, krijuesi mori pak tokë dhe krijoi njeriun. Vërtetë, ai mori disa përbërës kimikë që gjenden në tokë dhe i kombinoi shkencërisht për të gjallëruar të pajetë.
Çdo qenie e gjallë aktualisht në tokë u krijua nga Elohim duke u nisur nga një "tullë" bazë, një strukturë molekulare e përbërë nga atome të montuara në mënyrë të arsyeshme, dhe shkencëtarët e sotëm tokësorë sapo kanë filluar të kuptojnë se të gjitha qeniet e gjalla, çfarëdo qofshin ato. bimët ose kafshët, burrat ose kafshët, ato kanë përbërës të përbashkët në bazën e tyre. Një lloj alfabeti i të cilit çdo shkronjë është një atom dhe që përbën kodin gjenetik të çdo specieje të gjallë. Në rastin e llojeve të ndryshme renditja e shkronjave të këtij alfabeti është e ndryshme, por shkronjat e alfabetit janë gjithmonë të njëjta.
Kështu, duke u nisur nga një "tullë" bazë relativisht e thjeshtë, krijuesit tanë

Duke mirëpritur jashtëtokësorët

mundën të ndërtonin një sasi të madhe "shtëpish" të ndryshme në pamjen e tyre, por identike në përbërësit e tyre bazë. Dhe kur këto specie riprodhohen, ata nuk bëjnë gjë tjetër veçse "riprodhojnë" kodin gjenetik të shembullit të parë të specieve të tyre që u krijua nga Elohim.

Prandaj jeta është organizimi i të paorganizuarve. Dhe vdekja është çorganizimi i të organizuarit.

Jeta është një shtëpi që ndërtohet nga një projekt dhe është i vetë-mbajtur. Vdekja përfaqëson fundin e vetë-mirëmbajtjes dhe fillimin e shpërndarjes së materialeve që përbëjnë shtëpinë, që kulmon me shkatërrimin e projektit që ajo mbart brenda vetes.

Ata që i projektuan këto shtëpi, Arkitektët e Mëdhenj të universit tonë, konceptuan një tip të aftë, një ditë, të bëhej vetë arkitekt dhe të aftë të barazohej me krijuesin e tij duke krijuar projekte të tjera të aftë për t'u bërë shtëpi të vetes. Ky lloj shtëpie më i lartë është njeriu, i cili së shpejti do të jetë i aftë të krijojë në mënyrë sintetike kode të reja gjenetike, projekte të reja, duke u nisur nga lënda e pajetë.

Sepse qenia e gjallë u krijua e aftë të vendoset në mjedisin e saj duke e perceptuar atë përmes sondave, shqisave.

Qenia njerëzore nuk është gjë tjetër veçse një kompjuter biologjik vetë-programues dhe vetë-riprodhues.

Asgjë nuk i dallon qeniet njerëzore nga kompjuterët shumë të sofistikuar që ne jemi në gjendje të ndërtojmë sot. Dhe gjithashtu do të jetë e mundur të ndërtohen kompjuterë që janë shumë më të përsosur dhe kanë performancë shumë më të lartë se njerëzit.

Kompjuterët gjithashtu mund të kenë mjetet për të vendosur veten në mjedisin e tyre. Së fundmi është krijuar një kompjuter i pajisur me rrota dhe i aftë të lëvizë vetë, duke shmangur pengesat falë kamerave të lidhura me trurin e tij. Ai "pa", ashtu siç shohim me sytë tanë dhe mund të lëvizte në mjedisin e tij.

Një kompjuter bën vetëm atë që ishte programuar të bënte. Dhe gjithashtu qenia njerëzore. Por le të vazhdojmë me paralelizmin tonë midis njeriut dhe kompjuterit. Për sa i përket dëgjimit, është shumë e lehtë të pajisësh një kompjuter me një mikrofon përmes të cilit do të dëgjojë zhurmat që lëshohen rreth tij, ashtu si ne me veshët tanë.

Është gjithashtu e mundur pajisja me një analizues aromash që do ta informojë për aromat që e rrethojnë, ashtu si ne me hundën.

Për më tepër, është e lehtë të shtosh një analizues të shijes që do t'i tregojë atij se çfarë shije kanë disa substanca, ashtu siç mund ta bëjmë me gojën tonë.

Së fundi, është e mundur që të pajiset me sonda të afta për të dhënë informacion mbi temperaturën, fortësinë ose peshën e asaj që e rrethon, siç bëjmë me duart tona. Edhe më mirë, ne mund ta pajisim këtë kompjuter me organe pafundësisht më të larta se tonat. Për shembull, për sa i përket shikimit, ne mund ta pajisim atë me kamera të shumta video me gjatësi fokale,

Duke mirëpritur jashtëtokësorët

me një zmadhim të aftë për të parë qartë atë që po ndodh në një distancë prej disa kilometrash dhe me një lente makro të aftë për të parë atë që po ndodh objekte mikroskopike, gjëra që ne nuk jemi në gjendje t'i bëjmë pa pasur akses në proteza si dylbi ose mikroskop.

E njëjta gjë për të dëgjuar. Ne perceptojmë vetëm një gamë minimale të tingujve që ekzistojnë rreth nesh dhe që disa kafshë si qentë mund t'i kapin. Ne mund ta pajisim këtë kompjuter me sensorë zëri të ndjeshëm ndaj ultratingujve ose infratingujve, ta pajisim me mikrofona të drejtimit që e lejojnë atë të dëgjojë atë që po ndodh në një pikë të saktë, madje disa kilometra larg.

Për t'i rikthyer shikimin, mund ta pajisim edhe me kamera të ndjeshme ndaj rrezeve ultravjollcë ose infra të kuqe, të cilat do ta lejojnë atë të shohë në errësirë, diçka që ne nuk jemi në gjendje ta bëjmë me shikimin tonë të kufizuar.

Sa i përket shqisës së nuhatjes, ne mund t'i sigurojmë asaj analizues të erërave të aftë për të transmetuar menjëherë një analizë kimike
kompletuar me parfume apo gazra mjedisore, diçka që ne nuk jemi në gjendje ta bëjmë me hundën tonë.

Për sa i përket shijes, mund ta pajisim edhe me analizues shije të aftë për të kryer një analizë kimike të detajuar të një substance të caktuar.

Së fundi, për sa i përket prekjes, ne mund ta pajisim atë me sonda të afta për të analizuar me saktësi temperaturën, peshën ose fortësinë e objekteve ose substancave përreth, në vend që thjesht të themi "është nxehtë" ose "është e rëndë", duke manipuluar gjërat në temperatura të ndaluara për lëkurën tonë. dhe mijëra herë më e rëndë se sa mund të ngrenë muskujt tanë të këqij.

Por ne mund të shkojmë akoma më tej, duke e pajisur kompjuterin tonë me shqisa që njeriu nuk i zotëron ose nuk është i aftë t'i shfrytëzojë. Për shembull, ne mund ta pajisim atë me një radar që e lejon atë të lokalizohet edhe pa dukshmëri, një sonar, një fener me rreze x, një busull, një detektor graviteti, një sistem radio komunikimi etj. Është një seri e tërë shqisash me të cilat trupi ynë nuk është i pajisur dhe që mund t'i perceptojmë vetëm me proteza elektronike që nuk i kemi në dispozicion të gjitha së bashku, në çdo kohë, në të gjitha vendet.

Le të trajtojmë tani problemin e furnizimit me energji të njeriut-kompjuterit dhe makinës. Kur njeriu ka nevojë për energji, thotë "jam i uritur", kërkon ushqim dhe ha. Shkencëtarët sapo kanë zhvilluar një kompjuter të pajisur me bateri elektrike. Ajo funksionon, e pajisur me videokamerat e saj që e lejojnë të lëvizë dhe të vendosë arka të rënda si një pirun; pastaj papritmas ngarkesa në bateritë e saj bëhet shumë e dobët për të vazhduar të jetë efektive për një kohë të gjatë. Pajisja e tij që monitoron sasinë e energjisë elektrike që i ka mbetur në rezervë në bateritë e tij, i thotë se duhet të shkojë dhe t'i karikojë ato. Menjëherë, ai shkon në prizë, lidhet vetë, pret që sasia e rrymës së ruajtur të jetë e mjaftueshme, pastaj shkëputet dhe fillon të punojë përsëri. Nuk ka asnjë ndryshim në krahasim me njeriun që thotë "jam i uritur" dhe shkon në restorant në kohën e drekës para se të kthehet në punë.

Duke mirëpritur jashtëtokësorët

Çfarë bën një burrë kur lëndohet? Ai pushon së punuari, merr trajtim dhe kthehet në punë. Ju mund ta programoni lehtësisht një kompjuter që të kujdeset për mirëmbajtjen e tij, pikërisht ashtu siç e keni programuar në vetëfunksionim. Nëse një pjesë e tij është me defekt, ai do ta çmontojë vetë dhe do ta zëvendësojë me një tjetër. Kështu kompjuteri ynë do të jetë i përjetshëm dhe nuk do të njohë, si njeriu, fundin fatal të përfaqësuar nga vdekja.
Njeriu është i aftë të riprodhohet. Edhe kompjuteri. Thjesht duhet ta programoni për këtë. Nëse programoni një kompjuter që të ndërtojë kopje të vetvetes që nga ana tjetër do të jenë në gjendje të bëjnë të njëjtën gjë, shumë shpejt do të keni një popullsi kompjuterash në rritje. Prandaj lind interesi për të mos programuar vetëm për këtë. Tek njerëzit ky programim quhet "instinkti i ruajtjes së specieve". Dhe kjo është ajo që e shtyn atë në mënyrë të pandërgjegjshme të riprodhohet. Njeriu kënaqet në çiftëzimin pa e kuptuar se, duke e bërë këtë, ai në fakt po i bindet një instinkti për ruajtjen e specieve. Nëse ai nuk do të gëzonte çiftëzimin, ai nuk do të riprodhohej. Ai është programuar për këtë, kështu ai i bindet kodit të tij gjenetik, i cili e ka parashikuar kënaqësinë si një mjet për ta bërë atë të çiftëzohet.
Dhe qeniet njerëzore që çiftëzohen pas marrjes së masave të nevojshme, d.m.th. përdorimi i kontraceptivëve si pilulat, spiralja apo prezervativët, bëjnë një rrëmujë fantastike me kodin e tyre gjenetik. Ata përjetojnë kënaqësi, pa rezultuar në një akt riprodhues dhe në vetëdije të plotë. Meqenëse kënaqësia është gjithmonë ndriçuese, por mbipopullimi është një rrezik i frikshëm, ne jemi këtu përballë një prej akteve më madhështore të njeriut që ndërgjegjësohet për veten dhe veprimet e tij në raport me mbarë njerëzimin.
Por le të kthehemi te kompjuteri ynë: edhe ai mund të programohet në mënyrë që të ndjeni kënaqësi në kryerjen e veprimeve të caktuara. Çdo kompjuter që kryen aktin për të cilin është programuar merr kënaqësi në kryerjen e tij. Kur kompjuteri ynë kupton se energjia elektrike që ka ruajtur është e dobët, mendon "kjo është e keqe" dhe vrapon për t'u rimbushur. Dhe kur ndjen që rryma kalon brenda tij, kupton se "kjo është mirë", dhe ndjen kënaqësi.
Çfarë do të thotë të programosh një kompjuter? Do të thotë futja e informacionit në kujtesën e tij që do të rregullojë sjelljen e tij. Nëse e programoni për të numëruar, do të numërohet. Nëse e programoni për të vizatuar, do të vizatojë, dhe nëse e programoni për të luajtur, do të luajë. Por nuk do të bjerë zilja nëse është programuar për të bërë llogaritjet dhe kështu me radhë anasjelltas, përveç nëse është programuar për të bërë të dyja.
Cili është programimi i një qenie njerëzore? Nga njëra anë, është kodi i tij gjenetik që përmban informacione në lidhje me sjelljen e tij, materialin sensual që ai ka në dispozicion për të komunikuar me mjedisin rreth tij, materialin fizik që ka në dispozicion për të lëvizur, për të ushqyer veten ose. riprodhoj etj. E gjithë kjo është e lindur dhe të gjithë e kanë që nga lindja (pak a shumë, në varësi të trashëgimisë).

Duke mirëpritur jashtëtokësorët

Nga ana tjetër është edukimi i tij, i cili do ta kushtëzojë duke i mësuar një gjuhë për të komunikuar me të tjerët, ligje për të rregulluar sjelljen e tij, vlerat "morale", një mësim, një konceptim për botën, një fe etj. Të gjitha gjërat që do të përcaktojnë sjelljen e individit. Dhe ky individ do të ketë përshtypjen se do të veprojë në mënyrë autonome, si evoluon në një botë vlerat e së cilës janë ato që ai ka zgjedhur, ndërsa në realitet do të jenë vetëm ato që do t'i ketë imponuar edukimi i tij, ide të marra nga ata që e edukuan. dhe për këtë arsye është planifikuar. Kjo është ajo që ne përgjithësisht e quajmë përvojë.

Njeriu i zakonshëm, ose njeriu i pavetëdijshëm, është i paaftë të bëjë asgjë tjetër përveç asaj që është programuar të bëjë në mënyrë të lindur dhe në përvojën e tij të fituar, nga trashëgimia e tij dhe nga edukatorët e tij. Njeriu total, domethënë njeriu me një nivel vetëdijeje të mjaftueshme për ta vendosur veten në pafundësinë e hapësirës dhe kohës, në vend të kësaj bëhet një kompjuter i vetëprogramueshëm. Ai mund të vërë në dyshim programin që i është imponuar me edukimin e tij pa i pyetur mendimin e tij, pa dijeninë e tij, në mënyrë të pandërgjegjshme. Ai mund ta zëvendësojë atë tërësisht ose pjesërisht me vlera të reja që i duken më të mira. Ai do të bëjë zgjedhjet e tij në lidhje me kriteret më të larta se ato që e motivuan mjedisin e tij ose familjen e tij për ta kushtëzuar atë të ruajë traditat e lidhura domosdoshmërisht me të kaluarën, pra me një kohë në të cilën niveli i përgjithshëm i ndërgjegjes ishte krejtësisht primitiv në konceptimin e tij. universin dhe pozicionin që zënë qeniet njerëzore në këtë të fundit.

Njeriu i zakonshëm, që dëshiron të bëhet një burrë total, domethënë një njeri që gëzon një nivel më të lartë të vetëdijes që i lejon të shfrytëzojë pak më shumë se 10% të mundësive të trurit të tij (përqindja që meshkujt përdorin mesatarisht të zakonshëm, ose burra të pjesshëm), duhet të vijë për të bërë një "shpëlarje truri" të thellë të vetes. Është një operacion që do ta lejojë atë të nxjerrë gjithçka që ka në kokë, ta analizojë, të vendosë sërish në rregull gjërat që i duken të mira dhe të heqë qafe ato që i duken të këqija. Në këtë mënyrë ai do të jetë në gjendje të ruajë idetë e tij dhe të heqë qafe ato të marra nga të tjerët, nga familja e tij, nga kompanitë e tij, nga ata që donin ta formësonin atë sipas komoditetit të tyre. Kjo vlen për sjelljen dhe reagimet e tij ndaj ngjarjeve të botës në të cilën ai jeton çdo ditë, duke filluar nga mënyra se si zgjohet, ngrihet, bën tualet, vishet, ha, punon, u drejtohet të tjerëve, të tjerëve, i dëgjon, hapet. deri tek seksualiteti etj... absolutisht çdo gjë, çdo veprim sado i thjeshtë dhe i parëndësishëm të duket, por vetëm në pamje. Të bëhesh një burrë total do të thotë të jesh i vetëdijshëm për çdo lëvizje të vetullave dhe efektet që ato mund të kenë tek njerëzit rreth teje.

Që të jetë efektiv, ky "pastrim i madh pranveror" duhet të kryhet me sa duket në shoqërinë e dikujt që tashmë ka kaluar kufirin që të çon nga vendi i njerëzve të pjesshëm në universin e njerëzve total, dikujt që njeh shumë shtigje që. të çojë në atë drejtim.

Duke mirëpritur jashtëtokësorët

Ai do t'ia tregojë udhëtarit të ri, pa u përpjekur të ndikojë që ai të marrë një drejtim të caktuar, por duke e udhëhequr në rrugën që ai do të ketë zgjedhur lirisht. Në përgjithësi, vetëdija e burrave është si një shtëpi që është ndërtuar nga të tjerët dhe sipas kritereve që ata nuk kishin provuar kurrë t'i vënë në dyshim, pasi shtëpia e tyre ishte ndërtuar ashtu, ashtu si ajo e prindërve të tyre para tyre. Njeriu total e rrënon këtë shtëpi, harton projekte të përshtatshme për shijet dhe imagjinatën e tij, rikuperon nga rrënojat e ndërtesës së vjetër materialet që i duken të ripërdorshme dhe, duke i kombinuar me komponentët e rinj, ndërton një shtëpi të re të përshtatshme për të vërtetën e tij. Personalitet.
Burrat kanë shtëpi që i ngjajnë nivelit të tyre të vetëdijes. Ata kanë pasur gjithmonë shtëpi katrore ose drejtkëndëshe me çati dypjerrëse. Epo, ata vazhdojnë të ndërtojnë shtëpi të këtij lloji, ose të jetojnë në ndërtesa të vjetra të ndërtuara sipas këtij modeli. Ata të gjithë duken si tempuj grekë, me mure vertikale si kolona dhe një çati të dyfishtë si timpani që ndodhet mbi kolonat greke. Dhe kjo vazhdon edhe sot kur teknikat moderne të ndërtimit lejojnë të gjithë të ndërtojnë një shtëpi të personalizuar, të përshtatshme për shijet e tyre, tërësisht të rrumbullakëta, në formën e një topi, veze, piramide egjiptiane, zogu apo peme etj. Këto shtëpi të rreshtuara dhe të gjitha të ngjashme me njëra-tjetrën, tashmë të shitura në seri, të cilat formojnë fshatra uniforme të tmerrshme, pasqyrojnë saktësisht nivelin e ndërgjegjes së atyre që jetojnë në to. Megjithatë, në mënyrë paradoksale, habitati është shembulli tipik i kapacitetit vetë-programues të kompjuterit njerëzor. Zogu i zi gjithmonë e ka ndërtuar folenë e tij në të njëjtën mënyrë dhe do ta bëjë gjithmonë. Është në programin e tij gjenetik dhe nuk mund ta ndryshojë. Njeriu, nga ana tjetër, është i aftë të përshtatë habitatin e tij me mjedisin që e rrethon. Ai mund të ndërtojë tempuj dhe piramida greke, kasolle me degë, igloo akulli, shtëpi prej druri dhe rrokaqiejt prej betoni, katedrale prej guri ose kulla prej metali dhe qelqi.
Por nuk duhet të besojmë se kjo veçori e njeriut, fakti i të qenit një kompjuter vetëprogramues, është ajo që e dallon atë nga makinat kompjuterike. Ne kemi parë më parë se kompjuterët janë të aftë, ashtu si ne, të programohen për të riprodhuar vetveten. Epo, fare mirë mund të programosh një kompjuter që të jetë vetë-programues, domethënë të aftë të jetojë, të punojë dhe të riprodhohet duke filluar nga një program bazë, ndërkohë që të kesh aftësinë për ta modifikuar këtë program sipas përvojave të tua dhe për të transmetuar këto modifikime. pasardhësve të tij, pra kompjuterëve që do të ndërtojë më vonë.
Dikush mund të mendojë edhe për një kompjuter "zgjues të mendjes", i aftë për të modifikuar programet e kompjuterëve që ishin prodhuar më parë, dhe për rrjedhojë jo vetëprogramues, për t'ua transmetuar këtë avantazh.
Nëpërmjet makinës, qenia njerëzore në fakt po zbulon se nuk ka asgjë misterioze për të, as për origjinën e tij, as për sjelljet e tyre. Gjithçka që një njeri është në gjendje të bëjë, një kompjuter është gjithashtu i aftë të bëjë, dhe madje edhe më mirë.

Kjo vlen për gjithçka që një njeri mund të arrijë, përfshirë krijimin artistik. Tashmë ekzistojnë kompjuterë të aftë për të kompozuar muzikë, vizatim etj. Prandaj nuk është dhe nuk do të jetë kurrë e mundur të gjesh ndonjë aftësi tipike njerëzore me të cilën nuk mund të pajiset një kompjuter. Edhe fakti i aftësisë për të vënë veten në harmoni me pafundësinë... edhe kjo mund të përfshihej në një program kompjuterik. E gjithë kjo është e mrekullueshme, pasi njeriu më në fund mund ta shikojë veten, pa dyshimin më të vogël, si një mekanizëm madhështor dhe të përqendrohet tërësisht në arritjen e lumturisë, të lulëzimit falë plotësimit të nevojave të veta dhe të të gjithë moshatarëve të tij, për të ndërtuar një botë ku të gjithë njerëzit do të jenë të lumtur të ndihen të pafund dhe të përjetshëm.

Liria seksuale dhe mosdetyrimi

Kërkesë:
Mesazhet lartësojnë lirinë totale seksuale. Por a është i detyruar një çift që zbulon Librat dhe dëshiron të bëhet Raelian të praktikojë shkëmbimin e çiftit?

Përgjigje:
Nuk duhet të ngatërrojmë lirinë dhe detyrimin.
Një çift Raelianësh që e duan shumë njëri-tjetrin dhe që nuk kanë dëshirë, as njëri as tjetri, të kenë eksperienca me partnerë të tjerë, duhet të qëndrojnë bashkë. Nëse lumturia e tyre e ndërsjellë qëndron në të qenit bashkë dhe nëse nuk e shohin kuptimin në të pasur përvoja të tjera, kjo është perfekte. Të gjithë duhet të bëjnë pikërisht atë që duan.
Liria seksuale është gjithashtu liria për t'u ndjerë i kënaqur vetëm me një partner. Liria për të qëndruar së bashku, pasi të kemi gjetur njëri-tjetrin, një herë të kemi gjetur dikë që përputhet saktësisht me atë që kërkonim nga një partner.
Nga ana tjetër, ndodh shpesh që një eksperiencë me një person tjetër të bën të vlerësosh më shumë shoqërinë e partnerit të zakonshëm dhe të bëhesh më i vetëdijshëm për cilësitë e tij/saj. Në seksualitet, gjithçka është e mundur dhe gjithçka lejohet. Unë insistoj, leje, dhe nuk kërkohet...
Që nga fillimi i Lëvizjes Raeliane, kam parë shumë çifte
formë dhe disa prej tyre duken të jenë aq sukses sa nuk mund ta imagjinoj se çfarë mund të kërkojnë diku tjetër, përveç konfirmimit se janë krijuar për njëri-tjetrin. Nga ana tjetër, disa individë janë zgjuar mjaftueshëm për të kuptuar se vetë përvoja nuk është e nevojshme.
Kur je një qenie njerëzore totale dhe e ndërgjegjshme, nuk ke nevojë të bësh diçka për të ditur rezultatin. Ti e di, e ndjen. Përveç nëse bëhet fjalë për të kontribuar në zgjimin e një dishepulli ose për të jetuar një përvojë që konsiderohet thelbësore për përparimin personal.

Duke mirëpritur jashtëtokësorët

Me sa duket, secili duhet të ndjekë rrugën e tij ashtu siç beson, në masën që respektohen tre rregulla themelore:
- respekt për shijet dhe vendimet e të tjerëve në zgjedhjen e lirë të partnerëve të tyre.
- vetëdija e përhershme se të tjerët nuk na përkasin neve dhe se askush nuk mund të jetë pronar i ndonjë qenieje tjetër njerëzore.
- shqetësimi për të kërkuar gjithmonë dhe para së gjithash lumturinë e atyre që mendojmë se duam.

Mbi këtë bazë gjithçka është e mundur, dhe shumë Raelianë jetojnë në çifte, treshe, katër ose më shumë, në harmoni të përsosur, qofshin ata homoseksualë, heteroseksualë apo biseksualë.

Raelizmi dhe homoseksualiteti

Kërkesë:

Cili është qëndrimi i Raelizmit për homoseksualitetin?

Përgjigje:

Është shumë e thjeshtë: të gjithë kanë të drejtë të disponojnë trupin e tyre sipas dëshirës. Homoseksualiteti nuk është sjellje normale apo jonormale. Të gjithë duhet të kenë një jetë seksuale në harmoni me shijet dhe prirjet e tyre natyrore. Në barkun e nënës, diferencimi seksual i një individi ndihet shumë vonë, dhe ka burra shumë virilë, burra feminorë, gra shumë mashkullore dhe gra shumë femërore, me të gjitha gradimet e ndërmjetme të mundshme dhe të imagjinueshme. E gjithë kjo është gjenetike dhe të akuzosh një homoseksual se është homoseksual është po aq budalla sa të akuzosh një burrë se është burrë apo mace se është mace. Nga ana tjetër, ka shumë kafshë që janë homoseksuale dhe, në fshat, nuk është e pazakontë të shohësh qen, bagëti apo zogj homoseksualë duke u argëtuar. Homoseksualiteti është po aq i natyrshëm sa një qen apo një pulë. Gjëja e panatyrshme është të dëshirojmë t'i detyrojmë të tjerët të kenë të njëjtin seksualitet si ne. Kështu bëjnë përgjithësisht ata që martirizojnë njerëz që nuk duken si ata. Ata janë përgjithësisht të njëjtët që janë racistë, tradicionalistë dhe militaristë.

Agresioni ndaj homoseksualëve është një formë racizmi. Vjen nga njerëz që kanë jetë seksuale të mjerueshme dhe që nuk mund të tolerojnë që njerëzit e tjerë të duken të përmbushur duke pasur përvoja të ndryshme. Të njëjtët njerëz që dënojnë homoseksualitetin do ta falin atë shumë lehtë një burrë do të ketë përdhunuar një grua, kur përkundrazi është një krim i neveritshëm. Midis udhërrëfyesve Raelian ka burra dhe gra homoseksuale, heteroseksuale dhe biseksuale, të gjithë plotësisht të kënaqur, pasi janë të vetëdijshëm se janë të dashur për atë që janë dhe të aftë të lulëzojnë duke jetuar trupin e tyre ashtu siç e shohin të arsyeshme, në një atmosferë vëllazërie që jo. feja tjetër u kishte sjellë ndonjëherë atyre. Si mund të vazhdosh të jesh katolik kur dëgjon se uzurpatori i Vatikanit dënon homoseksualitetin dhe vazhdon t'u refuzojë grave mundësinë për t'u bërë priftërinj. Dy prova të racizmit dhe seksizmit që kontribuojnë për t'i bërë ata me sy të shohin të vërtetën.

Deistët dhe evolucionistët: profetët e rremë

Kërkesë:

Është shkruar se kur të vijë epoka e Apokalipsit do të ketë shumë profetë të rremë. Kush jam unë?

Përgjigje:

Këta profetë të rremë janë shumë të shumtë në epokën tonë. Mos harroni se cili është kuptimi i fjalës "profet", etimologjia e saj. Kujtojmë, do të thotë "ai që zbulon". Profetët e rremë të sotëm, zbuluesit e rremë, janë para së gjithash ata që përpiqen t'i kthejnë njerëzit në besimet primitive në një zot jomaterial, të paprekshëm, por të gjithëfuqishëm, i cili vëzhgon njerëzit një nga një, për t'u rezervuar atyre një ndëshkim ose një shpërblim. . Një koncept i cili, në të njëjtën kohë, përzien të pafundmën (e cila në fakt është e paprekshme në tërësinë e saj pasi është e pafundme në hapësirë dhe e përjetshme, por pa asnjë vetëdije dhe për rrjedhojë nuk ka pushtet mbi njerëzit qoftë në tërësi apo individualisht) dhe krijuesit, Elohim, të cilët janë të prekshëm dhe të gjithëfuqishëm në sektorin e tyre të pafundësisë, por që na duan dhe na lënë të lirë të evoluojmë në përparimin tonë shkencor dhe shpirtëror.

Kategoria e dytë e profetëve të rremë të sotëm përfaqësohet nga të gjithë ata, shkencëtarë apo jo, që ia atribuojnë origjinën e jetës në Tokë, dhe rrjedhimisht të njeriut, një sërë ngjarjesh të rastësishme që kanë vepruar gjatë asaj që ata e quajnë "evolucion". Siç tha Ajnshtajni, nuk ka orë pa një orëndreqës. Dhe të gjithë ata që besojnë se ne rrjedhim nga majmunët pas një evolucioni të ngadaltë për shkak të rastësisë, besojnë se ora jonë e mrekullueshme e ka krijuar veten, rastësisht. Pak sikur të kishe marrë të gjitha pjesët që përbëjnë një orë dhe, pasi i shkundje kuturu në një çantë të madhe, ke marrë një orë që funksionon në mënyrë perfekte.

Mund të provosh një miliardë herë nëse të pëlqen... Evolucionistët janë gjithashtu profetë të rremë, zbulues të rremë, të cilët shpërqendrojnë masat e mëdha nga e vërteta që mendojnë se ajo që vjen nga priftërinjtë e mëdhenj me petka të bardha, janë disa përfaqësues të mpirë të shkenca e madhe zyrtare, është domosdoshmërisht e vërteta. Ata me dashje i largojnë masat e painformuara nga e vërteta dhe nga krijuesit tanë, Elohim. Imagjinoni çfarë mund të mendojnë krijuesit tanë kur shohin burra që ia atribuojnë punën e tyre rastësisë....

Vetëvrasje

Kërkesë:

Në librin e dytë të Raelit, me titull "Jashtëtokësorët më çuan në planetin e tyre", shkruhet se një qenie që vuan shumë ka të drejtë të bëjë vetëvrasje. A do të thotë kjo se vetëvrasja është një gjë e mirë?

Përgjigje:

Të gjithë ne gjykohemi nga veprimet që kemi kryer gjatë jetës sonë. Kushdo që ka kryer shumicën e veprimeve pozitive do të ketë akses në jetën e përjetshme në shoqërinë e Elohim. Nëse një qenie vuan shumë fizikisht dhe shkenca njerëzore nuk është në gjendje t'i lehtësojë vuajtjet e tij, ai mund t'i japë fund ditëve të tij. Nëse ai ka kryer shumicën e veprimeve pozitive gjatë jetës së tij, ai do të ketë akses në përjetësi. Përndryshe ai nuk do të rikrijohet dhe për të nuk do të jetë asgjë. Nëse ai ka kryer shumicën e veprimeve negative, ai përfundimisht mund të rikrijohet për t'u gjykuar nga ata që i vuante. Një qenie që nuk vuan fizikisht dhe nuk është e dëmtuar fizikisht nuk duhet të bëjë vetëvrasje, pasi të gjithë janë në tokë për të bërë diçka specifike. Sidomos Raelianët. Ata janë zëdhënësit e Elohim dhe duhet t'i kushtojnë jetën e tyre përhapjes së mesazheve të krijuesve tanë. T'i japësh fund ekzistencës së dikujt përfaqëson një tradhti, do të thotë të braktisësh postin në mes të luftimeve. Kjo luftë për zgjimin e Njerëzimit që mund të na lejojë të mbijetojmë dhe të arrijmë në epokën e artë. Elohim mbështetet tek secili prej nesh, çdo Raelian është i çmuar për krijuesit tanë.

E përsëris, përjashtimi i vetëm është vuajtja fizike që është shumë e madhe, e cila nuk mund të lehtësohet, ose një dëmtim i aftësive të dikujt që nuk na lejon më të veprojmë në mënyrë efektive.

Të tjerët janë të gjithë lajmëtarë të etërve tanë që janë në qiell dhe duhet të jetojnë për të ungjillizuar, domethënë për t'u sjellë lajmin e mirë të tjerëve.

Duke mirëpritur jashtëtokësorët

II

Zbulime të reja

Kapitulli vijues përmban zbulesa që Raeli nuk mund t'i shpallte derisa të kishin kaluar tre vjet pas udhëtimit gjatë të cilit iu besua mesazhi i dytë. Tani që jemi në vitin 34 (1979) këto gjëra mund t'i dinë të gjithë.

Djalli nuk ekziston, e kam takuar

Mos u dridhni teksa pyesni veten nëse një krijesë me brirë me qëllime të liga pret e fshehur mirë momentin që të vijë dhe t'ju thejë shpinën me një treshe... Ashtu siç nuk ka asnjë "zot të mirë" mjekërbardhë të ulur mbi një re me rrufeja në dorën e djathtë, edhe kjo krijesë tjetër nuk ekziston fare.

Për njerëzit e zakonshëm, djalli, Satani, Lucifer ose djalli nuk janë asgjë më shumë se emra të ndryshëm për të përcaktuar të njëjtin person që mishëron forcat e së keqes, ashtu si fjala "apokalips" do të thotë për ta "fundi i botës".

Tani le të përpiqemi të gjejmë kuptimin e vërtetë të këtyre termave.

"Satani" është sigurisht më i vjetri kronologjikisht. Kur Elohim krijoi qeniet e para të gjalla tërësisht sintetike në laboratorët e planetit të tyre të origjinës, një pjesë e popullsisë së botës së tyre protestoi kundër këtyre manipulimeve gjenetike sepse i konsideronte të rrezikshme për qytetërimin e tyre. Ata kishin frikë se një ditë shkencëtarët do të krijonin monstra që mund të shpëtonin nga laboratorët, duke vënë në rrezik sigurinë e popullatës. Ne e dimë se për fat të keq kjo është pikërisht ajo që ndodhi dhe lëvizja që u përpoq të parandalonte këto vepra të inxhinierisë gjenetike në fund triumfoi. Qeveria e planetit të Elohim i ndaloi shkencëtarët të vazhdonin eksperimentet e tyre dhe i detyroi ata të shkatërronin të gjitha veprat e tyre.

Grupi që luftoi kundër këtyre manipulimeve gjenetike drejtohej nga një prej Elohimëve të quajtur Satana.

Më vonë, shkencëtarët arritën të merrnin autorizimin për të vazhduar eksperimentet e tyre në një planet tjetër. Në Ungjijtë, te Mateu, XIII, 3, ka një përshkrim, në një shëmbëllityrë, të kësaj vepre të krijimit të jetës në planetë të tjerë nga Elohim:

"Ja, mbjellësi ka dalë të mbjellë."

"Nga këto fara, disa ranë gjatë rrugës dhe zogjtë erdhën dhe i hëngrën."

Zogjtë janë në fakt të dërguarit e Satanait, i cili mendoi se planeti i parë i zgjedhur nga shkencëtarët si vend për vazhdimin e eksperimenteve të tyre për krijimin e jetës në laborator ishte shumë afër botës së tyre dhe se, nëse qeniet e

Duke mirëpritur jashtëtokësorët

krijuara do të ishin kishin qenë për fat të keq më inteligjentë se krijuesit e tyre dhe kishin rezultuar të ishin qenie të dhunshme, kjo do të ishte e rrezikshme për popullsinë e planetit të tyre. Qeveria u dha atyre leje për të shkatërruar përsëri punën e shkencëtarëve.

Ata duhej të kërkonin një planet tjetër që ishte i përshtatshëm për të vazhduar eksperimentet e tyre. Pas dy dështimeve të reja, një për shkak të afërsisë së tepërt të një ylli, rrezet e dëmshme të të cilit dogjën krijimin e tyre, tjetri për shkak të vegjetacionit tepër pushtues, ata përfunduan në gjetjen e një planeti që bashkonte të gjithë elementët në mënyrë që krijimi i tyre të mund të fillonte pa duke përfaqësuar një rrezik shumë të madh në sytë e shoqatës së kryesuar nga Satani.

Farërat e tjera ranë në tokë shkëmbore, ku nuk kishte shumë dhe; dhe kështu për shkak të mungesës së dheut të thellë lindën menjëherë, por kur lindi dielli u dogjën dhe, duke mos pasur rrënjë, u thanë. Disa nga farat ranë mes ferrave; por këto, duke u rritur, i mbytën. Më në fund, një pjesë e farave ranë në tokë të mirë, aq sa dhanë fryt ku njëqind, ku gjashtëdhjetë, ku tridhjetë. Kush ka veshë, dëgjon! (Mateu, XIII, 4 deri në 9)

Dihet se Elohim krijoi jetë edhe në dy planetë të tjerë në atë kohë, prej nga vjen aludimi për "tre të korrat".
Por dihet gjithashtu se qeveria e planetit të Elohim i lejoi shkencëtarët të vinin në Tokë për të vazhduar eksperimentet e tyre me kusht që të mos krijonin qenie sipas imazhit të tyre. Mesazhi i parë shpjegon se si ata vendosën të thyejnë këtë ndalim dhe cili ishte racioni i drejtuesve të tyre. Atyre u ndalohej rreptësisht t'u zbulonin njerëzve të parë tokësorë që u fabrikuan, se cilët ishin në të vërtetë krijuesit e tyre dhe si kishin vepruar. Ata gjithashtu kërkuan që të detyroheshin të kishin frikë nga krijuesit dhe u kërkuan shkencëtarëve që ta kalonin veten si qenie të mbinatyrshme, disi hyjnore.
Satani mendoi se asgjë e mirë nuk mund të pritej nga këto krijesa të bëra në laborator. Se vetëm e keqja mund të vinte nga njeriu.
Prandaj, kuptohet plotësisht se Satani është thjesht një nga Elohimët. Mund të themi se, në planetin e tyre, ai drejton një parti politike kundër krijimit të qenieve artificiale të krijuara sipas imazhit të tyre dhe se Elohimët e tjerë mendojnë se mund të krijojnë qenie pozitive dhe jo të dhunshme.
Dhe këtu vjen Luciferi, një emër që etimologjikisht do të thotë "sjellës i dritës". Luciferi është një nga Elohimët që krijoi jetën në Tokë dhe, për rrjedhojë, edhe qeniet njerëzore.
Në krye të një grupi të vogël shkencëtarësh që punonin në një nga laboratorët e tyre të inxhinierisë gjenetike dhe studiuan reagimet e njerëzve të parë të sintetizuar, ai vendosi, përballë aftësive të jashtëzakonshme të krijimit të tyre, të

Duke mirëpritur jashtëtokësorët

thyente direktivat e qeverisë së planetit të tij. dhe për t'u zbuluar këtyre qenieve se krijuesit nuk ishin "zota", por njerëz si ata, prej mishi dhe gjaku, të cilët erdhën nga qielli në bordin e makinave fluturuese të bëra me materiale të prekshme. Ndodhi që Luciferi dhe Elohim që e ndoqën filluan t'i donin, sikur të ishin fëmijët e tyre, këto qenie që i studionin gjatë gjithë ditës dhe u detyruan t'i nderonin si perëndi. Ata nuk mund të duronin më të shihnin krijesa që i konsideronin krejtësisht të suksesshme si fizikisht ashtu edhe psiqikisht, të bukura dhe inteligjente, të përuleshin para tyre ashtu si para idhujve. E gjithë kjo sepse qeveria e planetit të tyre origjinal, e kryesuar nga Zoti, i kishte ndaluar zyrtarisht të tregonin të vërtetën dhe i kishte detyruar të përfaqësonin përgjithmonë komedinë e të mbinatyrshmes. Prandaj, Luciferi, "bartësi i dritës", solli "dritën" tek qeniet njerëzore, duke u treguar atyre se krijuesit nuk ishin perëndi, por njerëz si ata, duke vepruar kështu në kundërshtim me atë që kërkonte Satani, i cili mendonte se njeriu nuk mund të vinte nga asgjë. përveç të keqes, dhe kështu duke mos iu bindur urdhrave të Jahve, kryetarit të këshillit të të Përjetshmëve, sundimtar i planetit të Elohim.
Asnjë bishë me brirë në dukje, në gjithë këtë ...
Zoti i dënoi shkencëtarët që nuk iu bindën atyre
urdhëron, për të jetuar në mërgim në Tokë. Ai e dënoi "gjarpërin" të zvarritet në tokë - shkruhet poetikisht - dhe i kishte përzënë njerëzit nga laboratorët, nga "parajsa tokësore" ku ushqeheshin dhe strehoheshin pa pasur nevojë të bënin as përpjekjen më të vogël.
Por Satani nuk i la armët. Ai dëshironte qenie të krijuara
u shkatërruan totalisht sepse i gjykoi të rrezikshëm për shkak të dhunës së tyre. Me kalimin e viteve, Satanai grumbulloi prova të agresivitetit të njerëzve, duke vëzhguar mënyrën se si ata vrisnin njëri-tjetrin me armët që u jepeshin nga djemtë e grupit të Elohimit të mërguar të Luciferit. Këta të fundit u kënaqën me zbavitje të buta në shoqërinë e vajzave të burrave, të cilat arritën t'u merrnin armë në këmbim të hijeshisë së tyre, me pretekstin e gabuar se do t'ua dorëzonin baballarëve ose vëllezërve të tyre për t'i ndihmuar të gjenin ushqim duke gjuajtur. Në realitet, burrat nxituan me këtë arsenal për të filluar beteja të tmerrshme.
Përballë provave të një masakër të tillë të sjellë nga Satani para këshillit të të Përjetshmëve, Zoti vendosi të bënte atë që kërkoi Satani, domethënë të shkatërronte plotësisht jetën e krijuar në Tokë dhe të lejonte ekipin e Luciferit të kthehej në planetin e Elohim, duke i dhënë atyre amnisti. për dënimin e tyre me internim.
Por këta të fundit mësuan se i gjithë krijimi i tyre fantastik do të shkatërrohej. Ata nuk mund ta pranonin, të bindur se mes njerëzve ekzistonin qenie jo të dhunshme, të cilat, përkundrazi, ishin të gjallëruara nga dashuria dhe vëllazëria. Midis tyre ishte Noé. Ata e ndihmuan atë të ndërtonte një anije hapësinore që, diku në orbitë rreth planetit tonë, do të mbronte nga shkatërrimi qenie të

Duke mirëpritur jashtëtokësorët

caktuara njerëzore dhe disa specie kafshësh, kodi gjenetik i të cilave u ruajt për t'i rikrijuar ato pas shek. Dhe ishte pikërisht në atë moment që Elohimët kuptuan se edhe ata ishin krijuar në laborator nga qenie që kishin ardhur në planetin e tyre nga një botë tjetër, në të njëjtën mënyrë në të cilën ata kishin krijuar qeniet njerëzore. Më pas ata vendosën se nuk do të përpiqeshin më kurrë të shkatërronin Njerëzimin dhe ndihmuan grupin e Luciferit të rimbjellin në Tokë format e jetës që ishin ruajtur brenda "arkës". E gjithë kjo përkundër Satanait, i cili nuk u dorëzua dhe mbeti i bindur se asgjë tjetër veç së keqes nuk mund të vinte nga njerëzit. Megjithatë, ai u përkul para shumicës së atyre që, pas Zotit, mendonin të kundërtën brenda këshillit të të Përjetshmëve. Në fakt, Zoti e kishte kuptuar në mesazhin që ishte brenda enës automatike që vinte nga bota e krijuesve të Elohim, se nëse njerëzit do të ishin të dhunshëm, ata do të vetëshkatërroheshin sapo të zbulonin energjitë falë të cilave mund të arrinin një nivel. të qytetërimit.ndërplanetar.

Më pas, Elohim vendosi t'i linte njerëzit të përparonin vetë dhe zgjodhën, ose lindën mes tyre, qenie që do të ishin përgjegjëse për t'u dhënë jetë feve me synimin për të ruajtur gjurmët e punës së krijuesve tanë. Kjo do t'i kishte lejuar ata të njiheshin si të tillë kur të kishte ardhur koha dhe kur burrat ishin mjaft të avancuar nga pikëpamja shkencore për të kuptuar në mënyrë racionale gjithçka.

Por, përpara se t'u besonin mesazhe kaq të rëndësishme këtyre burrave, ishte e nevojshme të sigurohej që ata do t'u qëndronin besnikë krijuesve të tyre dhe se nuk do të tradhtonin atë që do t'u thuhej. Dhe kështu Satanait iu dha detyra të testonte profetët.

Por si mund të vihej në provë besnikëria e këtyre njerëzve? E thjeshte...

Pasi u kontaktuan nga të dërguarit e Elohim-it, të cilët u kishin njoftuar se cili do të ishte misioni i tyre, Satani ose një nga të dërguarit e tij kontaktoi profetin e ardhshëm dhe foli shumë keq për Elohim-in, shpifi krijuesit, duke u përpjekur të sigurohej. se i dërguari i ardhshëm do t'i mohonte baballarët e tij ose do të pranonte t'i tradhtonte ata në këmbim, për shembull, për përfitime materiale. Tani, si thua "shpifës" në greqisht? Natyrisht "diabolos"! Dhe ja ku është djalli ynë i famshëm, por ai ende nuk ka as brirë as thundra...

Jezusi për shembull, me rastin e fillimit të tij në shkretëtirë që zgjati dyzet ditë, në një moment të caktuar duhej të përballej me "djallin" për të parë nëse ai do ta mohonte babanë e tij.

Pastaj Fryma e çoi Jezusin në shkretëtirë, për t'u testuar nga djalli. (Mateu, IV, 1.)

Që do të thotë në terma më të qartë: "Atëherë Jezusi u çua në shkretëtirë për ta vënë në provë nga shpifësi".

Duke mirëpritur jashtëtokësorët

Provat e ndryshme të imponuara nga "djalli" janë përshkruar më poshtë. Para së gjithash, ai i kërkon Jezusit që t'i kthejë gurët në bukë për të vërtetuar se ai është me të vërtetë biri i Perëndisë:

"Nëse je biri i Perëndisë, thuaj që këta gurë të bëhen bukë". Dhe Jezusi u përgjigj: "Është shkruar: njeriu nuk rron vetëm me bukë, por edhe me çdo fjalë që del nga goja e Perëndisë". (Mateu, IV, 3-4)

Jezusi i përgjigjet Satanait se të qenit besnik ndaj Elohimit është më e rëndësishme sesa të kesh ushqim për të ngrënë, duke qenë se "djalli" i foli pikërisht në një kohë kur ai ishte i uritur, pasi kishte agjëruar për një kohë të gjatë. Jezusi më pas çohet në majën e tempullit. Këtu Satani i kërkon të kërcejë dhe i thotë se engjëjt e "zotit" do ta thyenin rënien e tij që të mos lëndohej:

Nëse je fëmijë i Perëndisë, hidhu poshtë; sepse është shkruar: "Ai do t'u japë urdhër engjëjve të tij për ju dhe ata do t'ju mbështesin në krahët e tyre që të mos goditni një gur me këmbën tuaj".

Jezusi i thotë:
...është shkruar gjithashtu: Nuk do ta tundoni Zotin, Perëndinë tuaj. (Mateu, IV, 6-7)

Jezusi i përgjigjet djallit se ai nuk u soll në botë për të provuar kot krijuesit e tij, duke dëshmuar kështu se nuk do t'u kërkojë atyre të ndërhyjnë në çdo moment për ta ndihmuar.
Pastaj Satani e çon Jezusin në një mal të lartë dhe i propozon që të bëhet një mbret i fuqishëm dhe i pasur i Tokës:

Djalli e mori me vete në një mal shumë të lartë dhe i tregoi të gjitha mbretëritë e botës dhe madhështinë e tyre. Dhe ai i tha: "Të gjitha këto gjëra do t'i jap nëse më adhuron në sexhde për tokë. Atëherë Jezusi i tha: "Largohu, Satana, sepse është shkruar: ti vetëm do të përkulesh përpara Zotit, Perëndisë tënd dhe do t'i shërbesh vetëm atij". Pastaj djalli e la atë dhe ja, engjëjt iu afruan për t'i shërbyer. (Mateu, IV, 8-11)

Jezusi këtu tregon besnikërinë e tij ndaj Elohimit, të cilit ai preferon t'i shërbejë në vend që të bëhet i pasur dhe i fuqishëm. Në lidhje me këtë duhet theksuar se ai e quan shpifës me emrin e tij, pasi ai e quan shejtan. Dhe pasi testi ka pasur një rezultat të mirë, "engjëjt", lajmëtarët e Elohim, i afrohen Jezusit për të përfunduar fillimin e tij.
Jezusi nuk ishte i vetmi që u sprovua nga "djalli". Jobi u sprovua gjithashtu nga Satanai dhe fillimi i librit të Jobit është veçanërisht elokuent sepse tregon shumë

Duke mirëpritur jashtëtokësorët

qartë marrëdhëniet e mira, madje mund të themi marrëdhëniet shumë vëllazërore, që ekzistojnë midis Zotit dhe Satanit.

Ndodhi që një ditë bijtë e Elohimëve u paraqitën para Zotit dhe mes tyre erdhi edhe Satanai. Zoti i tha Satanait: "Nga vjen?". Satanai iu përgjigj Zotit: "Nga bredhja në tokë pasi e kthen atë". Dhe Zoti i tha Satanait: "A i ke kushtuar vëmendje shërbëtorit tim Job? Nuk ka asnjë tjetër si ai në tokë: një njeri i drejtë dhe i drejtë, i frikësuar nga Zoti dhe i neveritshëm për të keqen".

Satanai iu përgjigj Zotit dhe tha: "A ka frikë Jobi kot nga Perëndia? A nuk e keni mbrojtur me gardh atë, shtëpinë dhe gjithçka që zotëron? Ju keni bekuar ndërmarrjet e tij dhe kopetë e tij zgjerohen në rajon. Por shtrije dorën dhe goditi pasurinë e tij dhe do të shohësh se si do të të mallkojë në fytyrë!". Zoti i tha Satanait: "Ja, gjithçka e tij është në pushtetin tënd; por mos e vë dorën mbi personin e tij". Dhe Satanai u tërhoq nga prania e Zotit. (Jobi I, 6-12)

Këtu vëmë re shumë qartë se Zoti është hierarkikisht mbi Satanain, por që në njëfarë kuptimi e autorizon që të ushtrojë veprimtarinë e tij, si "kundërshtar politik", duke ia besuar Jobin. Kjo për shkak se ai dëshmon se është e mundur që një njeri që respekton thellësisht Elohim dhe që i do sinqerisht ata, të fillojë t'i urrejë ata, nëse e godet fatkeqësia, rrënimi ose sëmundja.
Në të vërtetë, Satanai e shkatërron plotësisht Jobin, por ky i fundit vazhdon ta dojë dhe ta respektojë Elohim.

Atëherë Jobi u ngrit në këmbë, grisi mantelin, rruani kokën dhe, duke rënë përtokë, në sexhde, tha: "Lakuriq dola nga barku i nënës sime dhe lakuriq do të kthehem atje! Zoti dha dhe Zoti mori. I bekuar qoftë emri i Zotit".

Në gjithë këtë Jobi nuk kreu asnjë mëkat dhe nuk shprehu ndonjë paturpësi kundër Elohim. (Jobi, I, 20-22)

Por Satani nuk dorëzohet dhe shkon t'i bëjë raportin e tij presidentit të këshillit të të Përjetshmëve:

Ndodhi që një ditë bijtë e Perëndisë shkuan të paraqiten përpara Zotit; Midis tyre erdhi edhe Satanai për t'u paraqitur përpara Zotit. Zoti i tha Satanait: "Nga vjen?". Satanai iu përgjigj Zotit: "Nga bredhja në tokë pasi e kthen atë". Zoti iu përgjigj Satanait: «A i ke kushtuar vëmendje shërbëtorit tim Job? Nuk ka asnjë tjetër si ai në tokë: një njeri integral dhe korrekt, i frikësuar nga Elohim dhe i huaj ndaj së keqes. Ai vazhdon ende në integritetin e tij dhe pa arsye, ju më keni ngacmuar kundër tij për ta shkatërruar". Por Satanai iu përgjigj Zotit: "Lëkurë për lëkurë! Gjithçka që zotëron njeriu është gati të japë

Duke mirëpritur jashtëtokësorët

për jetën e tij. Por, me mirësi, shtrije dorën dhe goditi kockat dhe mishin e tij; do të shohësh nëse nuk të shan në sy!". Dhe Zoti i tha Satanait: "Ja, ai është në pushtetin tënd! Shpëtojeni vetëm jetën e tij". (Jobi, II, 1-6)

Pastaj Zoti e lejon Satanain t'i shkatërrojë shëndetin Jobit, për të parë nëse ai do të vazhdojë t'i dojë krijuesit e tij. Dhe Jobi vazhdon të respektojë Elohim.

Thjesht, ai fillon të pyesë Zotin se përse e lindi nëse do ta godiste vetëm me shumë fatkeqësi. Në fund Zoti ndërhyn, i shpjegon atij në terma të gjerë atë që ka ndodhur, përpiqet të arsyetojë me të duke i shpjeguar se ai kishte gabuar në gjykimin e eksperimentuesit duke u penduar për ekzistencën e tij dhe i kthen Jobit shëndetin e tij dhe mallra edhe më të mëdha se ato që ai zotëronte më parë të shkatërrohen.
Në fund të takimit që pata me Zotin brenda enës lidhëse, ai mungoi për disa çaste duke më thënë se do të më gjente pak më vonë.

Një nga dy Elohimët e tjerë më kërkoi që ta ndiqja.
Ai më çoi në një dhomë të vogël, të dekoruar mrekullisht, muret e së cilës ngjanin me brendësinë e një piramide rrethore. Muret dukej se rridhnin nga rryma ndriçuese dhe ishin të mbuluara me valë shumëngjyrëshe që lëviznin në ritmin e muzikës së krijuar në dridhje të mrekullueshme relaksuese. Pasi më bëri të ulem në një kolltuk të rehatshëm të mbuluar me lesh
karrige e zezë shumë e butë që të jepte përshtypjen e ulur në një karrige të gjallë, tha:
"Më duhet t'ju paralajmëroj se mes nesh Elohim nuk ka asnjë qëndrim të vetëm për të ardhmen e Njerëzimit. Zoti mendon se burrat janë të mirë dhe dëshiron t'i lërë të përparojnë në mënyrë të pavarur, i bindur se do të vetëshkatërrohen nëse janë negativë. Unë dhe ata që më mbështesin, dhe ka shumë prej tyre, mendojmë se njerëzit janë të këqij dhe dëshirojnë të përshpejtojnë vetëshkatërrimin e tyre. Ne propozojmë të na ndihmojë të përshpejtojmë këtë katastrofë përfundimtare që do të pastrojë universin duke shkatërruar qenie që janë vetëm fryt i një eksperimenti të dështuar. Nëse vazhdon të kryesh misionin që të ka besuar Zoti, do të mbetesh në varfëri, do të duhet të vuash sarkazmën e të gjithëve dhe do të vuash për të, ndoshta do të burgosesh ose do të vritesh nga vëllezërit e tu, qeniet njerëzore. Nëse ai pranon të më ndihmojë duke zbatuar projektin tim, i cili bazohet në një aktivizim të formave të ndryshme të racizmit të pranishëm tek njeriu, në mënyrë që të provokojë shpërthimin e një lufte botërore racore, ai shpejt do të bëhet i fuqishëm dhe i pasur. Detyra juaj do të konsistojë në botimin e librave që unë do t'ju diktoj dhe që do t'ju lejojnë të strukturoni lëvizje të ndryshme shpirtërore dhe politike që synojnë të lartësojnë shkatërrimin e racave arabe, verdhezi dhe të cilat mbajnë pasuritë dhe lëndët e para që të bardhët. raca ka nevojë dhe që e meriton ta ketë, duke qenë se ajo

Duke mirëpritur jashtëtokësorët

shpiku teknikat që na lejojnë t'i hulumtojmë dhe t'i përdorim ato. Ju dhe të gjithë ata që ndihmuan për ta shpërthyer atë do të shpëtoni nga ky konflikt planetar. Ne do t'ju marrim të sigurt në një nga anijet tona dhe më pas do t'ju lejojmë të ktheheni në Tokë pasi gjithçka të jetë shkatërruar. Atëherë do të jeni në gjendje të krijoni një qytetërim të ri, të cilin ajo do ta qeverisë si të dojë dhe me mbështetjen tonë.

Ndërkohë, sapo ajo të kthehet në Tokë, shuma që ajo dëshiron, një miliard, pesë miliardë, dhjetë miliardë, e edhe më shumë nëse do, do të derdhet në llogarinë e një fondacioni zviceran përgjegjës për ta ndihmuar. Ju do të përcaktoni shumën dhe, nëse pas një kohe ju nevojitet një shumë më e madhe, pagesat e reja do të bëhen menjëherë.

Dhe kjo nuk është e gjitha, nëse pranoni të na ndihmoni, ju dhe ata që zgjidhni do të keni jetë të përjetshme.

E vetmja gjë që kërkojmë nga ju është të siguroheni që njerëzit të shkatërrojnë qytetërimin e tyre të tmerrshëm. Për ta bërë këtë, do t'ju duhet gjithashtu t'u tregoni atyre se keni takuar një jashtëtokësor, por se jeni paralajmëruar për pushtimin e tyre të ardhshëm në Tokë.

Ne do t'ju ofrojmë provat e ekzistencës sonë dhe askush nuk do të dyshojë më në pretendimet tuaja. Në këtë mënyrë njerëzit do të rrisin armatimet e tyre edhe më tej në mënyrë që të mbrohen nga qielli dhe kjo do të ketë efektin që të pengojë Zotin që të mos jetë në gjendje t'u afrohet atyre për t'i parandaluar ata të vrasin njëri-tjetrin dhe për të forcuar më tej rezervat e armëve bërthamore dhe agresioni tokësor.

Mendo pak... nga njëra anë të kërkohet të veprosh për një kauzë e cila në çdo rast është një kauzë e humbur, pasi herët a vonë burrat do të hedhin në erë gjithçka në planetin e tyre, pa ju dhënë asnjë provë për të bindur vëllezërit tuaj, apo ndonjë ndihmë financiare, duke e lënë të vuajë ironinë, telashet me drejtësinë dhe forcat e policisë që ndoshta do ta çojnë në burg, pa marrë parasysh një gjest të mundshëm të një fanatiku që mund ta vrasë sepse thotë se Zoti nuk ekziston. ... Dhe nga ana tjetër propozimi im, i cili do t'ju bëjë menjëherë një burrë të pasur dhe të respektuar, i cili vetëm sa do të kontribuojë në përshpejtimin e një procesi që gjithsesi ka nisur tashmë.

Në atë kohë. Çfarë vendos ai? Dëshiron të mendosh për disa ditë përpara se të më përgjigjesh?"

Unë u përgjigja: "Nuk jam aspak i bindur se Njerëzimi do të vetëshkatërrohet, edhe pse ka nëntë në dhjetë mundësi që kjo të ndodhë. Edhe nëse do të kishte vetëm një në një mijë shanset për të parë burrat të shtypin dhunën dhe t'i shpëtojnë shkatërrimit, mendoj se gjithsesi do të ia vlente të provohej. Dua të besoj se burrat do ta kuptojnë para se të jetë tepër vonë. Dhe edhe nëse kjo nuk

Duke mirëpritur jashtëtokësorët

do të ndodhte, Zoti më tha se ata që luftuan për të triumfuar për paqen dhe jo-dhunën do të shpëtonin nga kataklizma përfundimtare dhe do të ishin në gjendje të ripopullonin tokën, duke u përpjekur ta bënin më në fund një botë vëllazërie. Prandaj propozimi i tij nuk sjell asgjë më të mirë, përveç se në projektin e tij shpëtohen ata që do të kishin kontribuar në shpërthimin e dhunës; dhe qytetërimi që ata do të mbillnin më pas në tokë mund të ishte i dhunshëm vetëm për shkak të karakterit dominues të themeluesve të tij, drejtpërdrejt, shoqërisht dhe trashëgimisht.

Fakti i frikësimit të njerëzve duke u thënë atyre se jashtëtokësorët do të pushtojnë tokën, në fakt, vetëm sa mund të rrisë frikën dhe, rrjedhimisht, agresionin në planetin tonë. Pra, edhe nëse do të kishte vetëm një mundësi në një mijë për të shmangur fatkeqësinë përpara një ndërhyrjeje të tillë, kjo sigurisht që do të zvogëlohej të paktën përgjysmë më pas. Një nga faktorët më të rëndësishëm që do të kontribuojë në uljen e dhunës mes burrave është sigurisht hapja ndaj universit, ndaj pafundësisë. Nëse të gjithë njerëzit do të shikonin drejt qiellit me shpresë dhe vëllazëri, ata do të ndiheshin shumë më afër njëri-tjetrit dhe do të mendonin më pak për të vrarë njëri-tjetrin.

Së fundi, nuk kam dëshirë të bëhem i pasur apo i fuqishëm. Nuk kam pothuajse asgjë, por ajo pak që kam më mjafton për të qenë shumë e lumtur. Misioni që kryej më mbush jetën dhe më mbush me lumturi. Më mjafton që të kem mjaftueshëm për të ushqyer fëmijët e mi dhe një çati për t'i mbrojtur ata, dhe të gjitha këto i kam tashmë falë mbështetjes besnike të disa prej dishepujve të mi që duan të më ndihmojnë të bëj ditur të vërtetën për qeniet njerëzore. Unë nuk mund të jetoj në dy shtëpi në të njëjtën kohë, as të ngas dy makina, madje edhe nëse kam shtëpinë time,

Sigurisht që nuk do të flija më mirë dhe zjarri në oxhak nuk do të ishte më i nxehtë. Për sa i përket përmbushjes së misionit që më ka besuar Zoti, preferoj shumë që të realizohet falë përpjekjeve kolektive të atyre që duan të mirëpresin Elohim dhe kjo është prova më e bukur e dashurisë që mund t'u japim krijuesve tanë. ."

"Pra, ju e refuzoni propozimin tim?" më pyeti bashkëbiseduesi im.

"Po, për të gjitha arsyet që sapo ju shpjegova dhe gjithashtu sepse jam thelbësisht kundër dhunës".

"A je i sigurt se nuk do të pendoheni? A nuk preferoni të merrni pak kohë për të reflektuar?" ia ktheu ai.

"Nuk do ta ndryshoj kurrë mendimin tim, pavarësisht se çfarë mund të më ndodhë. Edhe nëse jeta ime do të ishte në rrezik, do të preferoja të luftoja që dashuria dhe vëllazëria të mbretërojnë mes njerëzve dhe që ata t'u bëjnë krijuesve të tyre mirëpritjen që u takon".

Në atë moment dera e dhomës ku u hapëm dhe u shfaq Zoti, i shoqëruar nga Eloha tjetër. Ai më tha:

Duke mirëpritur jashtëtokësorët

"Jam shumë i lumtur që keni reaguar kështu ndaj propozimeve që sapo ju janë bërë. Isha i sigurt se do të ishte kështu, por Satani, vëllai ynë, i cili sapo e ka vënë në provë, do të bindet për këtë vetëm kur njerëzit të jenë bashkuar, të kenë shfuqizuar paratë dhe armët, kur me pak fjalë mund të presim që ata të diçka pozitive. Shoku im i dytë, i cili e sheh kaq të gëzuar nga sjellja e tij, është Luciferi, i cili ishte i pari që u besoi njerëzve, edhe para se unë vetë ta kuptoja se nuk duhet të ndërhyjmë dhe përkundrazi ta lëmë njeriun të kalojë provën përfundimtare të asgjësimit të dhunës.
Satani më tha atëherë se ai nuk mendonte se kishte më shumë se një duzinë burra si unë në Tokë. Fytyra e tij ishte gjithashtu shumë vëllazërore. Ai gjithashtu shtoi se, sipas tij, njeriu meritonte të ekzistonte jo sepse kishte përjashtime të rralla.
Më pas u drejtuam drejt anijes më të madhe që do të më çonte në planetin e të Përjetshmëve në mënyrë që fillimi im të mund të përfundonte, siç tregohet në librin që përmban mesazhin e dytë.

Babai im që është në parajsë

Me rastin e takimit tim të parë me këtë jashtëtokësor që ende nuk e dija se ishte Jahve, presidenti i këshillit të të Përjetshmëve, e pyeta pse më kishin zgjedhur mua si lajmëtar. Ai u përgjigj se kishin vendosur të "zgjidhnin" dikë të lindur pas shpërthimit atomik që ndodhi më 6 gusht 1945 në Hiroshima. Dhe ai shtoi: "Ne e kemi ndjekur atë që nga lindja e saj dhe madje edhe më parë", siç shkruhet në mesazhin e parë, Libri që tregon të Vërtetën.
Fillimisht kjo përgjigje më magjepsi shumë dhe gjatë dy viteve që kaluan mes mesazhit të parë dhe të dytë i bëra vetes shumë pyetje për këtë. Më duhej të prisja të shihja përsëri Zotin që të ndriçohesha plotësisht. Ai më zbuloi të vërtetën në lidhje me origjinën time kur ishim në planetin e të Përjetshmëve, në fund të fjalimit të tij, i cili transmetohet në mesazhin e dytë, në të cilin ai iu drejtua veçanërisht popullit të Izraelit.
Ata më bënë të vesh edhe një herë një nga ata rripat me një shtrëngim të madh që na lejonte të lëviznim në ajër duke ndjekur rrymat e dallgëve dhe e gjeta veten rreth njëzet metra mbi një bimësi të harlisur pasi dola ngadalë nga laboratori ku isha. ndryshuan mendje ndërsa ishin ulur në një kolltuk të çuditshëm në formë guaska.
Në pak dhjetëra sekonda iu afruam një kthjellësi qiellore ku ndodheshin disa nga profetët me të cilët kisha ndarë vaktin pak më parë. Disa qindra metra më poshtë, mund të shihja të pamasë dhe madhështore plazhe që kufizoheshin me një det blu kaq të thellë dhe të bukur, sa asnjë liman në Mesdhe nuk mund të ishte i barabartë. Do të dukej si bluja e një pishine

Duke mirëpritur jashtëtokësorët

kaliforniane, e cila megjithatë shtrihej deri në horizont. Sipërfaqet e mëdha rozë e ngjyrosnin këtë det diku, vende të tjera ishin të gjelbra dhe, duke parë nga afër, dalloja gjurmë të të gjitha ngjyrave, njëra më e bukur se tjetra, sikur shtrati i detit të ishte lyer për dhjetëra kilometra. E pyeta se nga erdhën ato ngjyra të jashtëzakonshme. Ata u përgjigjën se ishin algat ato që i dhanë ujit ato ngjyra. Algat që ishin krijuar dhe vendosur artistikisht në mënyrë që ngjyrat e tyre të prodhonin efektin që kisha vënë re.

Rripi më lejoi të zbres ngadalë në gropë të vogël, shumë pranë grupit të vogël të njerëzve të përbërë nga rreth dhjetë profetë. Ai që më ishte prezantuar si Jezusi erdhi të na takonte.

Me Zotin, shkuam të ulemi në karrige të gdhendura në shkëmb dhe të mbuluar me atë gëzof të zi të mrekullueshëm që dukej i gjallë, i vendosur në një parvaz shkëmbor me pamje nga deti.

Më pas më pyeti nëse gjatë dy viteve që pasuan takimet tona të para, nuk kishte pasur një pyetje të veçantë që më kishte pushtuar mendjen më shumë se të tjerat. Pa hezituar iu përgjigja se në fakt e kisha pyetur veten se çfarë donte të thoshte kur më shpjegoi se më kishin ndjekur "që nga lindja dhe madje edhe më parë". E kisha kthyer pyetjen pa pushim në kokën time duke pyetur veten nëse kjo do të thotë se ata i kishin zgjedhur prindërit e mi përpara se të më ngjiznin dhe nëse i kishin udhëzuar nga distanca që të më lindnin, apo nëse e njihnin njëri-tjetrin kur u zgjodhën, apo edhe sikur të kisha mbetur shtatzënë kur u zgjodhën, ose më saktë kur u zgjodh embrioni që ata krijuan.

Jehovai iu përgjigj kësaj pyetjeje shumë të rëndësishme për mua dhe përgjigja e tij ishte edhe më e jashtëzakonshme nga sa mund ta imagjinoja. Papritur, duke pushuar së foluri me mua si "lei", siç më drejtohej gjithmonë, ai tha:
"Ai që e konsiderove babanë tënd nuk ishte babai yt. Pas shpërthimit të bombës atomike në Hiroshima, ne vendosëm se kishte ardhur koha për të dërguar një lajmëtar të ri në tokë, i fundit nga profetët, i pari që do t'u drejtohej njerëzve duke u kërkuar atyre të kuptonin dhe të mos besonin. Prandaj ne zgjodhëm një grua pikërisht siç kishim bërë në kohën e Jezusit.Kjo grua u hip në një nga avionët tanë dhe këtu ajo u inseminua ashtu siç kishim bërë për nënën e Jezusit.Më pas ajo u lirua, pasi kujtimi i saj u fshiu plotësisht çdo gjurmë të asaj që sapo kishte ndodhur.

Ne kishim rregulluar më parë që një burrë të takonte këtë grua, një burrë që kishte mjete të mjaftueshme që fëmija i ardhshëm i palindur të rritej denjësisht. Ishte e nevojshme që ky burrë të ishte i një feje të ndryshme nga ajo e gruas, në mënyrë që fëmija të rritej pa u ndikuar fort nga një fe. Kjo është arsyeja pse ai që morët për babanë tuaj dhe që mendonit se ishte, ishte një çifut.

Babai juaj i vërtetë është gjithashtu babai i Jezusit, i cili është pra vëllai juaj, dhe ju tani keni këtë baba përpara jush. Ai që ngatërrove për babanë tënd, ishte, si Jozefi, i ngarkuar të kujdesej për nevojat e nënës sate dhe për nevojat e tua,

Duke mirëpritur jashtëtokësorët

derisa ishe në gjendje t'i kuptosh gjërat vetë.
Tani e tutje do të mund të më drejtoheni me emër, pasi ju jeni djali im dhe unë jam babai juaj".
Ky ishte për mua momenti më emocionues i gjithë rrugëtimit dhe në vështrimin e Zotit mund të shihja një emocion po aq të madh dhe shumë dashuri. Edhe Jezusi dukej se kishte të njëjtat ndjenja.
Atëherë arrita të përqafoj babanë dhe vëllanë tim për herë të parë. Më vonë ai më kërkoi që të mos ua zbuloja këtë marrëdhënie burrave derisa të kishin kaluar tre vjet. Dhe kjo është arsyeja pse unë Nuk e kam aluduar deri tani.
Në çdo rast, e gjithë kjo ka pak rëndësi, pasi ne nuk duhet të bëjmë përsëri gabimin e njerëzve që e njohën Jezusin si një lajmëtar nga qielli: nuk është i dërguari që është i rëndësishëm, por mesazhi. "Jezusi erdhi për të treguar rrugën për të ndjekur dhe njerëzit i mbanin sytë të ngulur në gishtin e tij," tha një mendimtar i madh dhe, për fat të keq, është pikërisht e vërteta.
Edhe unë Rael të tregoj rrugën që duhet të ndjekësh, duke përcjellë informacionin që më ka dhënë babai im "në parajsë". E rëndësishme është të njohim Elohim si baballarët tanë dhe të përgatisim për ta ambasadën që ata pretendojnë këtu në Tokë, dhe të mos i kushtojmë vëmendje të dërguarit. Rëndësi ka vetëm mesazhi dhe përmes tij njohja e atyre që e dërgojnë dhe jo e të dërguarit.
Mos shiko gishtin tim, por drejtimin që tregon!

Mesazh nga Jahve për njerëzit e tokës: apokalipsi i kataklizmës përfundimtare bërthamore

Unë, JAhve, me gojën e profetit tim Rael, u drejtohem njerëzve të tokës.
Fatkeqësisht, ka vetëm një shans në njëqind që Njerëzimi juaj të mos vetëshkatërrohet, dhe çdo Raelian duhet të veprojë sikur njerëzit të ishin në fund të fundit mjaft të mençur për të kapur këtë shans të vogël për t'i shpëtuar kataklizmës përfundimtare dhe kështu të hyjnë në Epokën e Artë. . Ose më mirë, çdo Raelian duhet të kontribuojë me punën e tij si zgjues mendjesh për t'i dhënë forcë kësaj shanse të vetme dhe të dobët të mbijetesës për ta parandaluar atë të bëhet gjithnjë e më i hollë.
Është e pamundur të parashikohet e ardhmja sepse është e pamundur të udhëtosh në kohë, por është e mundur të parashikohet e ardhmja e një entiteti biologjik dhe i gjithë njerëzimi mund të konsiderohet si një entitet biologjik. Një shkencëtar që fekondon një grua primitive mund të parashikojë të ardhmen e saj, mund t'i thotë asaj se nëntë muaj më vonë ajo do të lindë një fëmijë dhe madje mund t'i tregojë asaj se cila do të jetë gjinia e fëmijës.

Duke mirëpritur jashtëtokësorët

Në të njëjtën mënyrë, ne që e kemi zakon të krijojmë jetë në një numër të pafund planetësh, e dimë saktësisht se çfarë ndodh kur Njerëzimi arrin nivelin tuaj teknologjik pa arritur një nivel të barabartë urtësie.
Kjo është arsyeja pse, nëse nuk mund të parashikojmë të ardhmen e individëve, në vend të kësaj mund të parashikojmë se çfarë do të ndodhë normalisht me një organizëm të gjallë në procesin e shtatzënisë, ose me një njerëzim në procesin e evolucionit.
Kur një qelizë e parë krijohet në barkun e nënës falë takimit të spermatozoidit me vezën, ajo zotëron brenda vetes të gjithë informacionin për të krijuar një qenie të plotë, të pajisur me funksione të shumta. Dhe sa më shumë qeliza të ketë, aq më shumë funksione zhvillohen. Numri i funksioneve është në përpjesëtim me numrin e qelizave të marra nga ndarjet e njëpasnjëshme, derisa të fitohet një fëmijë që është gati për të lindur pasi ka një organizëm që bashkon të gjitha organet e dobishme për kryerjen e funksioneve që do t'i nevojiten.
Pikërisht e njëjta gjë vlen edhe për Njerëzimin, nëse e konsiderojmë çdo qenie njerëzore si një qelizë të qenies së madhe në shtatzëni që është Njerëzimi.
Numri i funksioneve, zbulimeve dhe niveli teknologjik i njerëzve është në proporcion me numrin e qenieve njerëzore. Prandaj, ne mund të parashikonim lehtësisht se epoka e Apokalipsit do të vinte kur njerëzit do të ishin në gjendje t'u kthenin shikimin të verbërve duke prodhuar proteza elektronike, kur ata do të ishin në gjendje të mbanin zërin e tyre përtej oqeaneve duke ndërtuar satelitë në telekomunikacion, kur ata do të të jenë në gjendje të barazojnë ata që kishin marrë për "zot" duke krijuar qenie sintetike në laborator, etj.

Të gjitha këto parashikime në fakt bazohen në një njohuri të thellë të biologjisë së specieve. Dihet se një fetus do të formojë sytë në një muaj të caktuar të rritjes së tij, seksin në një muaj tjetër, etj., dhe për një specie të gjallë në zhvillim dihet se do të bëjë zbulime që do t'i lejojnë të kryejë këtë apo atë tjetër. arritje shkencore pas kaq shumë shekujsh apo mijëvjeçarësh. Është saktësisht e njëjta gjë.
Në të kaluarën u diktuam tekste lajmëtarëve tanë të lashtë, në mënyrë që një ditë të mund të njiheshim nga burrat. E dinim se do të vinin kohët kur ne mund të shfaqeshim hapur pa krijuar fe të reja deiste. Ne e dinim se do të vinin kohët kur njerëzit do të ishin në gjendje të kuptonin.
Midis këtyre teksteve, ne i diktuam Apokalipsin Gjonit.
Falë një prej mjeteve tona të vizualizimit shumë të ngjashëm me televizorët tuaj, ne i treguam atij disa ngjarje që përshkruanin se çfarë mund të ndodhte me qeniet njerëzore kur të arrinin në epokën e Apokalipsit.
Fatkeqësisht, teksti i Apokalipsit të Gjonit u pasurua me elementë të jashtëm dhe u shtrembërua nga kopjuesit që mund të ishin vetëm deistë, duke qenë primitivë.
Megjithatë, Giovanni e fillon historinë e tij duke përshkruar takimin e tij me ne:

Duke mirëpritur jashtëtokësorët

"I zhytur në ekstazë në ditën e Zotit, dëgjova pas meje një zë të fuqishëm, si një bori." (Apokalipsi i Gjonit, I, 10)

Ai shpjegon se një të diel, të quajtur "Dita e Zotit", teksa po përpiqej të komunikonte telepatikisht me ne, gjendje që ai e quan "të qenit në ekstazë", dëgjoi një zë metalik, si "bori", diçka që ju e dini mirë. sot, ju që e keni zakon të dëgjoni tingujt e prodhuar nga altoparlantët elektrikë.

Pastaj Xhovani kthehet për të parë se çfarë ka pas tij:

"U ktheva për të parë se kush ishte ai që po më fliste; duke u kthyer, pashë shtatë shandanë ari dhe midis tyre një si bir njeriu. Ai kishte veshur një tunikë të gjatë dhe ishte i lidhur në gjoks me një brez të artë. Flokët në kokë i ishin të bardha, si leshi i bardhë, si bora. Sytë e tij ishin si një flakë djegëse. Këmbët e tij kishin pamjen e bronzit nga Libani, kur u pastrua në kanaçe. Zëri i tij ishte si vërshimi i ujërave të bollshëm. Në dorën e djathtë mbante shtatë yje, ndërsa nga goja i dilte një shpatë e mprehtë me dy tehe. Pamja e tij ishte e barabartë me shkëlqimin e diellit në mesditë." (Zbulesa e Gjonit, I, 12-16)

Ai sheh shtatë objekte fluturuese prej një metali të artë, "shtatë llamba ari", në qendër të të cilave ka një qenie të vogël, "një lloj biri njeriu", të mbuluar me një kostum që i jep formë tërësisht, deri në këmbë. dhe duke veshur një rrip të madh. Lëkura dhe flokët e tij janë të bardha, helmeta e kostumit të tij të zhytjes ka dy projektorë të vegjël që Giovanni i gabon për sy, këmbët e tij mbështeten në thembra të trasha izoluese metalike të verdha dhe ai flet me një zë të fuqishëm "të ngjashëm me vërshimin e ujërave të bollshëm". Ai mban në dorë një pajisje me shtatë drita treguese që e lidhin atë me shtatë objektet fluturuese që janë vendosur rreth tij. Nga ana tjetër, shpata me dy tehe me majë është vetëm një shtesë e mëvonshme nga kopistët për ta bërë shfaqjen kërcënuese dhe për të përforcuar fuqinë e saj dhe për rrjedhojë "frikën ndaj Zotit" të të krishterëve të parë. Qenia që iu shfaq Gjonit ishte me të vërtetë një prej nesh. Giovanni, i tronditur, rrafshohet me fytyrën për tokë:

"Kur e pashë, rashë në këmbët e tij si i vdekur. Por ai, duke vendosur dorën e djathtë sipër meje, më qetësoi: mos ki frikë! Unë jam i pari dhe i fundit, i gjalli; Unë shtrihesha i vdekur, në fakt; por tani këtu jam gjallë përgjithmonë e përgjithmonë; në duart e mia janë çelësat e vdekjes dhe të Hades. Shkruani gjërat që do të shihni, si ato që kanë të bëjnë me të tashmen ashtu edhe ato që do të ndodhin pas tyre." (Zbulesa, I, 17-20)

Ne i kërkuam Gjonit të ngrihej dhe i thamë se do të duhej të shkruante atë që kishte parë dhe çfarë do t'i kishte diktuar, për t'u dhënë njerëzve mundësinë që t'i gjenin këto shkrime një ditë, kur të vinte koha. Ne i thamë atij se ne ishim "të

Duke mirëpritur jashtëtokësorët

parët dhe të fundit", domethënë të parët në Tokë dhe të fundit, nëse njerëzit do të shkatërronin veten pas zbulimit të energjive që do t'i lejonin ta bënin këtë.
Ne i shpjeguam se ai që foli e kishte njohur vdekjen dhe ishte rikrijuar falë procesit të shpjeguar në mesazhin e parë dhe që na lejon të jetojmë përjetësisht përmes trupave të ndryshëm.

"Pastaj pata një vizion. Ja: u hap një derë në qiell dhe zëri që kisha dëgjuar më parë duke më folur si bori, më tha: eja këtu lart, që të të tregoj se çfarë do të ndodhë në të ardhmen. Unë papritmas u gjenda në ekstazë; dhe ja, një fron u ngrit në qiell dhe një u ul mbi fron." (Zbulesa, IV, 1-2)

Giovanni sheh një "derë të hapur në qiell", dera e një prej avionëve tanë hapet. Ai futet brenda një prej këtyre objekteve fluturuese falë një trau mbajtës, i cili është i pakuptueshëm për të, prandaj thotë "të jesh në ekstazë". Këtu sheh dikë të ulur në një kolltuk, dhe rreth tij në "frone" të tjerë janë ulur njerëz të tjerë, gjithsej njëzet e katër.
Ky personazh isha unë, Zoti, dhe isha i rrethuar nga njëzet e katër përfaqësues të tjerë të përjetshëm të këshillit të të Përjetshmëve që qeverisin planetin tonë.
Më pas vura në funksion pajisjen që vizualizon mendimet përpara Xhovanit dhe ai mundi të shihte se çfarë do të ndodhte në përgjithësi me Njerëzimin dhe çfarë rrezikonte të ndodhte kur të vinte koha.

"Dhe pashë të shfaqej një kalë i bardhë, mbi të cilin ishte ulur një kalorës me hark; iu dha një kurorë; dhe ai doli fitimtar për të pushtuar përsëri." (Apokalipsi i Gjonit, VI, 2)

Kjo ka të bëjë me të parën nga shtatë vulat ose, më mirë, me shtatë kapitujt e historisë së njerëzimit. Në fakt, bëhet fjalë për triumfin e krishterimit në tokë dhe lejimin e Dhiatës së Vjetër që të njihet nga të gjithë. Pastaj hapet vula e dytë:

"Më pas doli një kalë tjetër, i kuq i ndezur; atij që hipi në të i ishte dhënë fuqia të hiqte paqen nga toka, në mënyrë që njerëzit të masakronin njëri-tjetrin; për këtë arsye atij iu dha një shpatë e madhe". (Zbulesa, VI, 4)

Ky kalë i kuq simbolizon luftërat fetare, dhe luftërat në përgjithësi, të cilat do të jenë një nga shkaqet kryesore të vonesës në zhvillimin e numrit të njerëzve. Pastaj vjen vula e tretë:

".....Dhe pashë, pastaj u shfaq një kalë i zi: ai që e hipi kishte një peshore në dorë. Dëgjova një zë midis katër qenieve të gjalla që thoshte: Një masë gruri për një denar dhe tre masa elb për një denar! Por mos e dëmtoni vajin dhe verën! (Zbulesa, VI, 5-6)

Duke mirëpritur jashtëtokësorët

Ky kal i zi është zija e bukës që do të shkaktojë një numër të madh vdekjesh përpara se njerëzit të arrijnë t'i eliminojnë plotësisht në tokë. Pastaj vjen vula e katërt:

"Dhe pashë, u shfaq një kalë i gjelbër; ai që hipi mbi të kishte emrin vdekje dhe Hadesi e ndoqi". (Zbulesa, VI, 8)

Kali i gjelbër simbolizon epidemitë e mëdha, murtajën dhe të këqijat e tjera që do të shkatërrojnë njerëzimin. Më pas thyhet vula e pestë:

"Në hapjen e vulës së pestë, shpirtrat e atyre që u vranë për shkak të fjalës së Perëndisë dhe dëshmisë që ata dhanë u shfaqën nën altar. Ata filluan të bërtasin me zë të lartë, duke thënë: Deri kur, o Zot, që je i shenjtë dhe i vërtetë, nuk do të bësh drejtësi duke marrë hak për gjakun tonë mbi banorët e dheut? Por secilit prej tyre iu dha një mantel i bardhë dhe u tha të bënin edhe pak durim, derisa të plotësohej numri i shokëve dhe vëllezërve të tyre që do të vriteshin si ata". (Zbulesa, VI, 9-11)

Kjo skenë paraqet atë që ndodhi kur profetët e mëdhenj që jetojnë përjetësisht në shoqërinë tonë në planetin tonë na kërkuan që të lejonim që njerëzit që kishin vepruar pozitivisht të rikrijoheshin përpara gjykimit përfundimtar. Prandaj, ne lejuam që disa mijëra tokësorë që i rikrijuam të jetonin menjëherë mes nesh, kur në vend të kësaj donim të ruanim kodin e tyre gjenetik për t'i rimishëruar vetëm kur njerëzimi të kishte përfunduar evolucionin e tij. Pastaj u hap vula e gjashtë:

"Në hapjen e vulës së gjashtë, ky vizion u shfaq para syve të mi: u dëgjua një tërmet i madh; dielli u errësua, dukej i zi si një thes me flokë; e gjithë hëna mori ngjyrën e gjakut; yjet ranë nga qielli në tokë si frutat e papjekura të një fiku të tundur nga një erë e fortë; qielli u rrudhos si një rrotull që mbështillet; malet dhe ishujt, të gjithë, u zhdukën nga vendet e tyre. Atëherë mbretërit e tokës, sundimtarët, kapedanët, të pasurit dhe të fuqishmit, të gjithë, skllevër dhe të lirë, u strehuan në shpella dhe midis shkëmbinjve të maleve". (Zbulesa, VI, nga 12 deri në 15)

Kjo vulë e gjashtë tregon rrezikun përfundimtar për njerëzimin, rrezikun më të madh, atë që mund ta shkatërrojë plotësisht, luftën atomike. "Goditja e madhe" është vetë shpërthimi. "Dielli i zi" është errësimi i qiellit për shkak të resë së kërpudhave dhe pluhurit që ju e njihni mirë sot dhe që e bëjnë hënën të duket më e errët. "Qielli që tërhiqet" janë retë që përzënë brutalisht nga kolona e ajrit të nxehtë që lëshohet. Sa për burrat që fshihen mes shkëmbinjve të maleve, është një garë drejt strehëve të rrëshqitjes.

Duke mirëpritur jashtëtokësorët

Pikërisht nga kjo katastrofë përfundimtare, nëse ndodh, do të vijnë ata që ndjekin profetin tonë janë të shpëtuar, ata të cilëve, pasi janë marrë në dijeni të mesazheve tona, u është kryer Transmetimi i Planit të tyre Qelizor. Këto do të jenë përzgjedhur nga kompjuteri i madh që monitoron të gjithë njerëzit që nga ngjizja e tyre deri në vdekjen e tyre.

"Pastaj pashë një engjëll tjetër që po ngjitej nga Lindja, me vulën e Perëndisë së gjallë. Ai u bëriti me zë të lartë katër engjëjve të ngarkuar për të shkaktuar dëme në tokë dhe në det: Mos i bëni dëm tokës, detit ose pemëve, derisa t'i kemi shënuar në ballë shërbëtorët e Perëndisë tonë". (Zbulesa, VII, 2-3)

Ata që janë të shënuar në ballë janë ata që kanë kryer Transmetimin e Planit të tyre Qelizor, nëpërmjet kontaktit manual midis profetit tonë dhe kockës ballore e cila përmban kodin gjenetik më të pastër dhe më besnik.

Totali i atyre që do të "shënohen në ballë" do të jetë afërsisht njëqind e dyzet e katër mijë, përfshirë ata që tashmë janë rikrijuar në planetin tonë, ata që, pa u vënë re mesazhet, do të kenë udhëhequr një jeta synon përparimin dhe lulëzimin e 'Njerëzimit, dhe atyre që, pasi të lexojnë mesazhet, do ta kenë njohur Raelin si lajmëtarin tonë.

Dhe derisa numri i përgjithshëm i këtyre qenieve njerëzore të arrijë rreth njëqind e dyzet e katër mijë, ne do të sigurojmë që kataklizma përfundimtare të vonohet në mënyrë që të kemi një numër të mjaftueshëm individësh në dispozicion për të filluar një brez të ri në tokë, kur ai do të të jetë sërish i banueshëm.

Nëse vula e gjashtë përfaqëson zbulimin dhe përdorimet e para të armës atomike, vula e shtatë përfaqëson kataklizmën përfundimtare, luftën botërore atomike e cila do të rezultojë në shkatërrimin e çdo forme të jetës në tokë.

Kur bie boria e parë e vulës së shtatë:

"...Ishte breshër me zjarr të përzier me gjak që ra në tokë; e treta e tokës u dogj, e treta e pemëve u dogjën dhe çdo lloj bime u dogj". (Zbulesa, VIII, 7)

Një e treta e tokës digjet nga radioaktiviteti, pemët dhe bari i gjelbër nuk rriten më.

"Engjëlli i dytë i ra borisë: si një masë e madhe inkandeshente ra në det; pjesa e tretë e detit u bë gjak, kështu që pjesa e tretë e qenieve detare të pajisura me jetë vdiq dhe pjesa e tretë e anijeve u shkatërrua. (Zbulesa, VIII, 8)

Shpërthimet atomike prodhuan shpërthime të mëdha llave që arritën në oqeane, vranë një të tretën e kafshëve detare dhe shkatërruan një të tretën e anijeve.

Duke mirëpritur jashtëtokësorët

"Engjëlli i tretë i ra borisë: nga qielli ra një yll i madh, që digjej si pishtar dhe ra mbi një të tretën e lumenjve dhe mbi burimet e ujit. Emri i yllit është pelin; në fakt, një e treta e ujit u shndërrua në pelin dhe shumë njerëz vdiqën sepse uji u bë i hidhur". (Zbulesa, VIII, 10-11)

Shpërthimet atomike pasojnë njëri-tjetrin në përgjigje të sulmeve të para. Raketat, si "yjet e mëdhenj që digjen", bien pothuajse kudo dhe uji i pijshëm është kryesisht i ndotur dhe shkakton vdekjen e shumë qenieve njerëzore që e pinë atë.

"Engjëlli i katërt i ra borisë: e treta e diellit, e treta e hënës, e treta e yjeve u goditën, kështu që e treta e tyre u errësua dhe dita nuk shkëlqeu asnjë të tretën. pjesë e saj dhe e njëjta gjë gjatë natës". (Zbulesa, VIII, 12)

Pluhuri dhe hiri i ngritur nga shpërthimet e mëvonshme bërthamore janë aq të bollshme sa errësojnë qiellin, fshehin diellin, hënën dhe yjet dhe japin përshtypjen se dita dhe nata janë më të shkurtra.

"Engjëlli i pestë i ra borisë: Pashë një yll të rënë nga qielli në tokë; atij iu dha çelësi i humnerës së humnerës dhe prej saj dilte tym si tymi i një furre të madhe; dielli dhe ajri u mbuluan nga tymi i humnerës." (Zbulesa, IX, 1 dhe 2)

Përshkrimi i rënies së një rakete dhe reve kërpudha që prodhon ajo.

"Nga tymi dolën karkaleca në tokë; atyre iu dha fuqi e ngjashme me atë të akrepave tokësorë. Por ata u urdhëruan të mos dëmtonin asnjë bar të tokës, asnjë bimë ose pemë; por vetëm burrave që nuk e kishin vulën e Zotit në ballë, por u lejuan të mos i linin të vdisnin, por t'i mundonin pesë muaj me një mundim të ngjashëm me atë të akrepit kur thumbon një njeri. Në ato ditë njerëzit do të kërkojnë vdekjen dhe nuk do ta gjejnë; ata do të dëshirojnë të vdesin, por vdekja do të ikë prej tyre". (Zbulesa, IX, 3-6)

Karkalecat janë avionë të ngarkuar me bomba atomike që do të bien mbi qytetet e mëdha dhe do të shkaktojnë vuajtje të frikshme për shkak të ekspozimit ndaj radioaktivitetit te burrat që nuk vdesin nga shpërthimet. Ata do të helmohen nga rrezatimi sa mund të helmohen nga një pickim akrepi.

"Tani, kur i patë, karkalecat dukeshin si kuaj gati për të sulmuar: në kokat e tyre mbanin një lloj kurore që dukej si flori; fytyrat e tyre ishin si fytyrat e njerëzve. Flokët e tyre dukeshin si flokët e grave; dhëmbët e tyre u ngjanin atyre të luanëve. Kishin parzmore si parzmore hekuri dhe zhurma e krahëve të tyre ishte si ulërima e qerreve me kuaj të shumtë që lëviznin drejt tyre. Ata

Duke mirëpritur jashtëtokësorët

kishin bishta të ngjashëm me ato të akrepave, me thumbime; në bishtin e tyre qëndronin fuqia e tyre për të munduar njerëzit për pesë muaj". (Zbulesa, IX, 7-10)

Këta "karkaleca metalikë", të parë nga një primitiv, të mbuluar me metal si një kalë që shkon në luftë, kanë një kabinë brenda së cilës shihet fytyra e një njeriu, "fytyrat e tyre ishin si fytyrat e njerëzve". Dhe duke fluturuar shumë lart në qiell ata lënë një gjurmë të bardhë që Gjoni e quan flokë. "Dhëmbët" e tyre janë raketa të fiksuara nën krahë, "gjoksi i hekurt" është trupi i trupit, zhurma është ajo e shkarkimeve të reaktorit që ju e dini mirë. Sa i përket fuqisë që është në "bishtin e karkalecave", është rrezatimi që raketat e lëshuara do të vazhdojnë të përhapin në popullatat e vendeve të sulmuara.

"Engjëlli i gjashtë i ra borisë: nga të katër qoshet e altarit prej ari që qëndron përpara Perëndisë, dëgjova një zë që doli". (Zbulesa, IX, 13)

Gjoni përshkruan këtu katër altoparlantët e vendosur përballë meje, ndërsa unë e bëra atë dëshmitar të gjithë kësaj.

"Kështu u shfaqën në vegim kuajt dhe kalorësit e tyre: mbanin armaturë me pamjen e zjarrit, zymbylit dhe squfurit, ndërsa kokat e kuajve ngjanin me ato të luanëve; nga goja e tyre dilte zjarr, tym dhe squfur. Nga këto tre plagë, pra nga zjarri, tymi dhe squfuri që dilte nga goja e tyre, u shfaros një e treta e njerëzve. Vërtet, fuqia e kuajve është në gojën dhe në bishtin e tyre; në fakt bishtat e tyre, si gjarpërinjtë, janë të pajisur me koka të cilat i përdorin për të dëmtuar". (Zbulesa, IX, 17-19)

Gjithashtu në këtë rast përballemi me përshkrimin e avionëve të tjerë, "koka e kuajve" është në fakt shkarkimi i reaktorëve nga të cilët dalin flaka dhe tymi, dhe bishtat të cilët kanë "kokë që i përdorin për të bërë dëm". janë në realitet raketa bërthamore dhe ju e dini shumë mirë që po flasim për "kokën" e raketave, pavarësisht nëse ato kanë një kokë "inteligjente" apo jo.
Shpjegimet që i dhamë Gjonit, duke i dhënë sa më shumë detaje, dhanë shkas për këtë përshkrim të çuditshëm. Nëse do të kishit përvojë për t'i shpjeguar një varg skenash të ngjashme një primitivi nga Amazona dhe nëse do t'i kërkonit të shkruante atë që pa, do të kishit afërsisht të njëjtin rezultat, veçanërisht nëse do të pyesnit rreth dhjetë nga bashkëmoshatarët e tij për të kopjuar atë. prania e asaj që kishte shkruar.

"Kur këta folën, u përgatita të shkruaj. Por një zë u dëgjua nga qielli dhe më tha: Vula atë që thanë të shtatë bubullimat dhe mos e shkruaj". (Zbulesa, X, 4)

Duke mirëpritur jashtëtokësorët

I thamë qartë Gjonit se Zoti nuk ekziston dhe se ne ishim njerëz si ai. Por, duke qenë se kjo rrezikonte të krijonte një konfuzion edhe më të madh te meshkujt që kanë nevojë për një "paterica" të tillë derisa të kenë arritur një nivel të mjaftueshëm teknologjik, ne i kërkuam të mos shkruante atë që sapo i ishte shpjeguar, duke i kujtuar se do të vinte një ditë kur të gjithë njerëzit mund ta kuptonin atë.

"...Por kur engjëlli i shtatë t'i bjerë borisë së tij, atëherë misteri i Zotit do të përmbushet, sipas asaj që u shpallën profetëve, shërbëtorëve të tij". (Zbulesa, X, 7)

I shpjeguam qartë se, kur të vinte koha, njerëzit do të kuptonin se Zoti nuk ekziston dhe se ne jemi krijuesit e tyre.

"...Djalli ka zbritur mes jush me tërbim të madh, duke e ditur se ka vetëm pak çaste." (Zbulesa, XII,12)

Ky test përfundimtar për njerëzimin, i cili konsiston në zgjedhjen midis vetëshkatërrimit dhe kalimit në Epokën e Artë, përfaqëson për Satanin mundësinë e fundit për të vërtetuar se kishte të drejtë kur thoshte se Njerëzimi ishte i keq. Nëse njerëzimi e kalon këtë provë shkëlqyeshëm dhe arrin të arrijë çarmatimin total në të gjithë planetin, njerëzit do të na japin prova se ata janë të denjë për të marrë trashëgiminë tonë dhe do të provojnë se janë qenie jo të dhunshme. "Bisha" që përshkruhet më tej është thjesht përdorimi i energjisë bërthamore për qëllime vrastare.

"Këtu qëndron mençuria. Kushdo që ka mendje, le të llogarisë numrin e bishës; është numër mashkullor. Numri i tij është gjashtëqind e gjashtëdhjetë e gjashtë." (Zbulesa, XIII, 18)

Gjashtëqind e gjashtëdhjetë e gjashtë është numri i brezave njerëzorë që kanë ndjekur njëri-tjetrin në Tokë që nga krijimi i njerëzve të parë në laboratorët origjinalë. Meqenëse njerëzit e parë u krijuan afërsisht trembëdhjetë mijë vjet më parë, nëse shumëzojmë kohëzgjatjen e një brezi njerëzor, të llogaritur në njëzet vjet, me gjashtëqind e gjashtëdhjetë e gjashtë, marrim gjithsej trembëdhjetë mijë e treqind e njëzet vjet.

Brezi që lindi në fillim të epokës së Apokalipsit, në vitin 1945 të epokës së krishterë, ishte i gjashtëqind e gjashtëdhjetë e gjashtë që nga krijimi i qenies së parë njerëzore në laborator nga Elohim.
Shfaqja e këtij brezi përkon me përdorimin e parë të energjisë bërthamore për qëllime vrastare, më 6 gusht 1945 në Hiroshima.

Duke mirëpritur jashtëtokësorët

Edhe këtë herë nuk kishte nevojë të interpretohej për të kuptuar. Mjaftoi të lexonte atë që ishte shkruar. Gjashtëqind e gjashtëdhjetë e gjashtë ishte në fakt një "numër njeriu": numri i qenieve njerëzore që kanë lindur që nga fillimi, që nga krijimi, një numër brezash.

"Pastaj pati vetëtima, zëra dhe bubullima dhe një tërmet aq i madh sa që një tërmet kaq i dhunshëm nuk ka ndodhur kurrë që kur njerëzimi u shfaq në tokë." (Zbulesa, XVI, 18)

Goditja nga shpërthimet atomike është e madhe dhe bëhet edhe më e fortë nëse shkakton një reaksion zinxhir.

"Të gjithë ishujt ikën dhe malet u zhdukën." (Zbulesa, XVI, 20)

Ky shpërthim monstruoz me reaksion zinxhir shkakton lëvizjen brutale të kontinenteve, gëlltit ishujt dhe fshin malet si kashtë.

"Dhe nga qielli ra mbi njerëzit breshër aq i madh sa dukej si një shi shufrash". (Zbulesa, XVI, 21)

Edhe në vendet ku nuk kanë ndodhur shpërthimet, mijëra kilometra nga pikat e goditjes së bombës, gurët bien nga qielli.

"Pastaj pashë një qiell të ri dhe një tokë të re. Në fakt qielli dhe toka e parë ishin zhdukur; as deti nuk ishte më aty". (Zbulesa, XXI, 1)

Giovanni ishte në gjendje të shihte atë që mund të shihej nga një raketë që largohej nga Toka. Ka përshtypjen se Toka po largohet, ndërsa ena në të cilën gjendet po largohet. Pastaj kjo anije udhëton nëpër yje, në një qiell që nuk ka më asgjë të njohur për një tokëzues, një "qiell të ri", dhe anija i afrohet një planeti tjetër, një "toke të re".

"Dhe pashë qytetin e shenjtë, Jeruzalemin e ri, që zbriste nga qielli nga Perëndia, i përgatitur si një nuse e stolisur për burrin e saj." (Zbulesa, XXI, 2)

I parë nga një avion, një primitiv ka përshtypjen se është qyteti në të cilin do të ulet ai që "zbret nga qielli", ndërsa është evidente se është avioni hapësinor që po afrohet.

"Dhe dëgjova nga froni një zë të fuqishëm që thoshte: Ja, banesa e Perëndisë është me njerëzit dhe ai do të banojë me ta, dhe ata do të jenë populli i tij dhe ai do të jetë "Perëndia me ta". Dhe ai do të fshijë çdo lot nga sytë e tyre. Nuk

Duke mirëpritur jashtëtokësorët

do të ketë më vdekje, zi, klithma dhe dhimbje. Po gjërat e mëparshme kanë kaluar". (Zbulesa, XXI, 3-4)

Ne jemi këtu përballë përshkrimit të planetit të të Përjetshmëve ku të gjithë njerëzit që shpëtojmë nga katastrofa do të jetojnë me ne përjetësisht, duke pritur që të kthehen në Tokë, kur ajo të jetë sërish e banueshme, për të rikrijuar një qytetërim paqësor atje.

Kjo është ajo që e pret Njerëzimin nëse nuk siguron që niveli i tij i mençurisë të jetë po aq i lartë sa niveli i tij teknologjik.
E gjithë kjo shihej nga një primitiv, pasi Gjoni ishte një primitiv në raport me ne. Ashtu si Moisiu, Jezusi dhe të gjithë profetët tanë ishin primitivë, në lidhje me nivelin tonë, përpara se ne t'u kishim dhënë atyre inicimin e mjaftueshëm për të parë se çfarë do të thoshte të kishe një zotërim të caktuar të çështjes.

Pikërisht siç janë shkencëtarët tuaj më të avancuar në lidhje me atë që ne jemi në gjendje të bëjmë aktualisht, dhe siç janë indianët e Amazonës në raport me shkencëtarët e Kepit të Kanaveralit.
Mjerisht, kjo është ajo që i pret burrat, në nëntëdhjetë e nëntë për qind të rasteve. Ju që na njihni ne si krijuesit tuaj dhe që e njihni Raelin si lajmëtarin tonë, duhet të luftoni për të siguruar që qeniet njerëzore të kapin këtë mundësi minimale të mbijetesës duke u sjellë atyre mesazhet tona. Në këtë rast ju mund të jetoni në paqe, duke u përpjekur ende të lulëzoni. Sepse, nëse jeni ndër të drejtët që bëjnë çmos për të triumfuar jodhuna dhe e vërteta, ju e dini se ne do t'ju shpëtojmë nga fatkeqësia në çdo rast. Luftoni për dashurinë, vëllazërinë dhe inteligjencën, por mos u demoralizoni nëse shihni se shumica e burrave vazhdojnë të jenë të dhunshëm, agresivë dhe kafshërorë. Ndoshta kjo do të përfundojë duke dhënë fryte duke i udhëhequr në mënyrë të pakuptueshme qeniet njerëzore për të pasur një vetëdije planetare dhe i gjithë planeti do të hyjë në Epokën e Artë, ose gjithçka do të shembet dhe ju do të jeni ata që do të shpëtojmë për të rindërtuar gjithçka që nga fillimi.
Unë Zoti, alfa dhe omega, ai që isha i pari në tokë dhe do të jem i fundit, ua drejtoj këtë mesazh njerëzve të tokës përmes gojës së profetit tim Rael.
Këtyre njerëzve ne kemi krijuar, të cilët ne kemi kërkuar t'i udhëzojmë në Epokën e Artë dhe të cilët i duam sikur të ishin fëmijët tanë.
Paqja mbretëroftë në tokë për njerëzit me vullnet të mirë, për ata që kanë vullnetin për të qenë të lumtur.
Trashëgimia jonë është gati, për sa kohë që fëmija nuk vdes gjatë lindjes.
Tani është radha juaj!

III

Një fe ateiste

Engjëjt pa krahë

"Një engjëll nga qielli më kontaktoi. Ai më tha se unë jam mesia i Apokalipsit dhe se duhet të largohem për të ungjillizuar tokën, se duhet të krijoj një kishë, në të cilën jam papa dhe papa, unë, profeti i kësaj feje katolike".

Duke lexuar këto pak rreshta, ata që më njohin mirë do të thonë me vete "ndodhi, humbi racionalitetin, pafundësia e detyrës i shkaktoi çrregullime të rënda mendore dhe e tradhtoi kauzën".

Në fakt, duke lexuar këtë hyrje, fillimisht mund të kuptohet:

"Një qenie me krahë erdhi nga qielli për të kontaktuar me mua, ai më tha se unë jam një qenie hyjnore e dërguar për fundin e botës dhe se duhet të largohem për të predikuar ungjillin në tokë, se duhet të ndërtoj një kishë prej guri dhe betoni i të cilit jam papa me diademë dhe pontifi ulur në fron, unë, profeti që lajmëron se çfarë do të ndodhë në shekujt e ardhshëm, i kësaj feje katolike, pra i lidhur me Romën".

Tani le të përpiqemi të gjejmë kuptimin e fshehur të fjalëve që përbëjnë fjalinë në fjalë.

Para së gjithash, ne duhet të kërkojmë kuptimin e thellë të fjalëve, etimologjia e tyre, siç u veprua për termat Elohim dhe Apokalips. Dhe ndërsa jemi në të, le të vërejmë se etimologjia e fjalës "etimologji", domethënë origjina dhe kuptimi i saj, vjen nga greqishtja "etumos" që do të thotë "e vërtetë" dhe "logos" që do të thotë "shkencë". . Shkenca e së vërtetës pra, "shkenca e së vërtetës"... çfarë mund të jetë më e natyrshme, për njerëzit që janë mbledhur rreth "Librit që thotë të vërtetën", sesa të qenit para së gjithash etimologë. Fjala Elohim është përkthyer padrejtësisht si "zot", kur në hebraisht do të thotë "ata që kanë ardhur nga qielli" dhe fjala Apokalips është përkthyer si "fundi i botës" kur do të thotë "zbulim". Tani ne i dimë të gjitha këto në mënyrë të përsosur. Le të marrim fjalët e kësaj hyrjeje në dukje mistike një nga një. Një "engjëll nga qielli më kontaktoi". Le të marrim një fjalor. Angel vjen nga greqishtja "angelos" që do të thotë "lajmëtar". Dhe këtu gjithçka ndryshon. Prandaj mund të lexojmë: "Një lajmëtar nga qielli më kontaktoi". Elementi i mbinatyrshëm bëhet i kuptueshëm.

Vazhdojmë: "Më tha se unë jam mesia i Apokalipsit".

Duke mirëpritur jashtëtokësorët

Çfarë do të thotë "Mesia"? Vjen nga aramaishtja "meschikha" që do të thotë "i vajosur nga zoti", ose "i shenjtë, i zgjedhur nga zoti". Pra, le të shkojmë te fjala "zot" për të kuptuar më mirë përkufizimin e fjalës "mesiah". Rezulton se "zotëri" vjen nga latinishtja "senior", që do të thotë "më i madhi". Sipas një fjalori mesjetar, një "zot" ishte një person që mbretëronte mbi një krahinë ose çifligj. Dhe zoti në të cilin ata donin të besoheshin, duke qenë i përjetshëm, ishte domosdoshmërisht më i vjetri dhe për rrjedhojë "zot" i Tokës... Revolucioni që shtypi zotërit, fatkeqësisht e kurseu fenë, dhe kjo është arsyeja pse ne ende gjejmë kaq shumë " Imzot"...
Prandaj, "mesiah" do të thotë "i zgjedhur nga perëndia" dhe, siç e dimë, fjala "zot" nuk është gjë tjetër veçse një përkthim i keq i Elohim që në vend të kësaj do të thotë "ata që erdhën nga parajsa". Prandaj, mund të themi se "Mesia" në fund të fundit do të thotë "i zgjedhur nga ata që erdhën nga parajsa".
Duke qenë se ne tashmë e dimë se në greqisht Apokalipsi do të thotë "zbulesë", pra mund të shkruajmë më qartë: "ai më tha se unë jam ai që u zgjodha nga ata që erdhën nga qielli për zbulesë". Tani gjithçka është e qartë.
Ne vazhdojmë: "dhe se unë duhet të largohem për të ungjillizuar Tokën". "Ungjilli" vjen nga greqishtja "euangelion" dhe do të thotë "lajm i mirë". Prandaj mund të lexojmë: "dhe që unë duhet të largohem për të sjellë lajmin e mirë në Tokë".
Gjendet më vonë: "se duhet të krijoj një kishë". "Kisha" vjen nga greqishtja "ecclesia", që do të thotë "kuvend". Prandaj mund të lexojmë: "se unë duhet të krijoj një asamble".
Më pas shkruhet: "i të cilit jam Papa dhe Papa". "Papa" vjen nga greqishtja "pappas" që do të thotë "baba", dhe "pontiff" vjen nga latinishtja "pontifex", që ka të njëjtën rrënjë si "urë" dhe që do të thotë diçka që lidh dy brigje të kundërta të një lumi. ose dy pika të vendosura në Tokë, apo edhe... një planet në një planet tjetër!
Kështu mund të lexohet qartë: "babai i të cilit jam unë dhe personazhi që siguron lidhjen mes planetit të krijuesve dhe atij të njerëzve".
Më në fund gjejmë: "Unë, profeti i kësaj feje katolike". "Profet" vjen nga greqishtja "profetes" që do të thotë "ai që zbulon". "Fe" vjen nga latinishtja "religio", që do të thotë "ajo që lidh", lidhja që bashkon krijuesit me krijimin e tyre dhe "katolike" vjen nga greqishtja "katholikos" që do të thotë "universal".
Kështu fundi i fjalisë bëhet: "Unë që jam i ngarkuar të zbuloj lidhjen universale që bashkon njerëzit dhe krijuesit e tyre".
Duke bashkuar të gjithë elementët e fjalisë që marrim: "Një lajmëtar nga qielli më kontaktoi, ai më tha se unë jam ai që u zgjodha nga ata që erdhën nga qielli për shpalljen dhe se duhet të largohem për t'i sjellë lajmin e mirë. Toka, e cila duhet të krijoj një asamble, babai i të cilit jam unë dhe personazhi që siguron lidhjen midis planetit të krijuesve dhe atij të njerëzve, unë që jam i ngarkuar të zbuloj lidhjen universale që bashkon njerëzit dhe krijuesit e tyre".

Duke mirëpritur jashtëtokësorët

Dhe ja një fjali krejtësisht pa terma plot misticizëm dhe e kuptueshme racionalisht nga kushdo. Megjithatë, fjalia në fillim të këtij kapitulli nënkuptonte saktësisht të njëjtën gjë. Por përkthimi i fjalisë origjinale që dhamë menjëherë më pas, siç do të kishte qenë në mendjen e një mistiku primitiv dhe të kufizuar, tregon se sa e lehtë është të distancohemi nga kuptimi i thellë i një citimi kur kuptimi i saktë i fjalëve qe perdoren nuk respektohen..

Prandaj është evidente se Lëvizja Raeliane është një fe e vërtetë, domethënë lidhja që bashkon krijuesit e Njerëzimit me Njerëzimin e lartpërmendur. Edhe nëse është një fe ateiste, pra një fe që nuk beson në ekzistencën e një perëndie. Ateist, rrjedh nga fjala greke "atheos" që do të thotë "i cili mohon ekzistencën e ndonjë hyjnie".

Disa thonë se është praktika e një kulti që karakterizon një fe. Çfarë është një kult? Kjo fjalë vjen nga latinishtja "cultus" dhe do të thotë "homazh i bërë Zotit", pra krijuesit. Duke menduar për Elohim, ne do të thoshim "krijuesit" duke e vendosur fjalën në shumës. Tani, kontakti telepatik që ndodh të dielën në mëngjes në orën 11, detyrimi për të menduar të paktën një herë në ditë për Elohim (Mesazhi i dytë - Urdhërimet e reja), detyrimi për të ftuar drejtimin e rajonit të tij për drekë që të mund të flasë në lidhje me mesazhet (e njëjta punë, e njëjta faqe), takimi mujor rreth secilit udhërrëfyes rajonal dhe takimi vjetor më 6 gusht për të festuar hyrjen në epokën e Apokalipsit, përfaqësojnë një seri të tërë homazhesh që u bëhen krijuesve tanë, dhe për këtë arsye ata mund të cilësohen si ceremoni kulti, domethënë si një grup ngjarjesh që synojnë t'u bëjnë homazhe krijuesve tanë në datat e përcaktuara, vetëm ose në grup.

Së fundi, edhe nëse Raeliani nuk beson në një zot, ai e njeh Jezusin si të dërguar nga krijuesit tanë, ashtu si Moisiu, Buda, Muhamedi, Jozef Smithi dhe të gjithë profetët e mëdhenj që kanë ekzistuar. Ai pret kthimin e tyre në shoqërinë e Elohimëve, siç njoftojnë Shkrimet e Shenjta. Sepse Raeliani beson në kuptimin e thellë të Shkrimeve të Shenjta, në veçanti Zanafillës, por edhe Kuranit dhe shumë shkrimeve të tjera fetare. Falë mesazheve të Elohim, të gjitha këto shkrime janë zhveshur nga mbulesa e tyre mistike dhe të gjitha ato ligje njerëzore që janë futur nga njerëzit për të zbatuar më mirë ligjet dhe qeveritë thjesht njerëzore janë injoruar.

Nderimi ndaj Elohim sigurisht që mund të quhet "adhurim", pse ta mohojmë atë? Kulti nuk ka asgjë serioze në vetvete nëse vjen nga njerëz që nuk i hyjnizojnë krijuesit, por që i duan sinqerisht për aktin e jashtëzakonshëm të dashurisë që kanë kryer duke na dhënë jetë dhe duke na lënë të përparojmë në mënyrë autonome derisa të bëhemi të barabartë me ta.

Nuk bëhet fjalë për gjunjëzimin apo përuljen para yjeve, por për të parë qiellin në një pozicion të drejtë, krenarë që jemi burra të vetëdijshëm për privilegjin e të jetuarit në një epokë në të cilën ne mund t'i kuptojmë dhe duam krijuesit tanë. Duke i dashur ata për potencialin fantastik që kanë vendosur tek ne dhe që do të na bëjë të bëhemi krijues të jetës nga ana

Duke mirëpritur jashtëtokësorët

jonë, duke dominuar materien në grimcat e saj më të vogla në nivelin tonë. Bëhet fjalë për ngritjen e një balli plot dashuri dhe shpresë drejt galaktikave, shpresën për të takuar një ditë me ata të cilëve ua detyrojmë ekzistencën tonë dhe aftësinë për të kuptuar pse jemi këtu dhe cili është misioni ynë në pafundësinë e hapësirës dhe kohës.

Deri në këtë moment njerëzit i kanë nderuar ata që i kanë krijuar të aftë për të kuptuar. Tani ata duhet të kuptojnë ata që i kanë krijuar për t'i dashur edhe më shumë.

Nëse njerëzit e përdorin shkencën negativisht dhe shkaktojnë një kataklizmë bërthamore fatale për njerëzimin, ata që janë përpjekur ta shmangin atë duke u përpjekur t'i bëjnë njerëzit të vetëdijshëm për gabimet e tyre në emër të Elohim, do të shpëtohen nga krijuesit tanë. Ata që kanë besim në etërit tanë do të shpërblehen prej tyre, siç janë tashmë, pasi do të kenë akses në jetën e përjetshme në planetin ku jetojnë përgjithmonë profetët e mëdhenj që u dërguan për të ndriçuar njerëzit. Fjala "besim" vjen nga latinishtja "fides" që do të thotë "angazhim, lidhje". Prandaj nuk mund të besohet më pa kuptuar, duke i besuar Elohim dhe duke pasur besim tek ata, pasi ata që kanë inteligjencën për të besuar në to, në çdo rast do të shpërblehen.
Ndërsa përpiqet t'i pengojë njerëzit të kryejnë të paripareushmen, një Raelian ka besim te krijuesit tanë, Elohim, sepse ai e di se ata nuk do ta harrojnë atë nëse ndodh kataklizma përfundimtare.

Mospërgjegjësi

Nëse gazeta Jerusalem do të kishte ekzistuar dy mijë vjet më parë, do të flitej për papunësinë, krizën e punës për shkak të mungesës së skllevërve dhe rritjen e çmimeve për shkak të taksave të tepruara romake. Do të kishte qenë ky lajm që do të kishte pushtuar faqet e para të të gjitha gazetave, nëse do të kishte ekzistuar dhe do të kishte ndezur të gjitha diskutimet. Dhe pastaj, në një artikull të shkurtër, ndonjë "shkencëtar zyrtar" ose ndonjë editorialist që kërkon publicitet do të kishte folur për këtë profet të rremë, i cili u vetëvlerësua si "mbreti i hebrenjve" dhe të cilin autoritetet duhet ta kishin arrestuar pa vonesë, pasi ai ishte duke tërhequr zvarrë me vete një turmë sylesh, "zogjsh". Ne nuk tallemi me besnikërinë popullore si kjo...
Pastaj "i ndrituri" u burgos, u gjykua dhe u dënua me vdekje. Personi që i kishte kushtuar jetën përhapjes së mesazheve të krijuesve tanë u gjend i kryqëzuar mes dy hajdutëve. Cili ishte krimi i tij? Ushtrimi i paligjshëm i së vërtetës, i rezervuar për përfaqësuesit e feve zyrtare të akredituar siç duhet për të paktën dy ose tre shekuj ekzistencë, fe me një emërtim të kontrolluar prejardhjeje, në një kuptim të caktuar.

Duke mirëpritur jashtëtokësorët

"Por krerët e priftërinjve dhe pleqtë e bindën turmën të kërkonte lirinë e Barabas dhe vdekjen e Jezusit." (Mateu, XXVII, 20)
Këta janë kryepriftërinjtë e feve zyrtare dhe të shtypit kryesor, të cilët bindin turmat se fetë janë të tolerueshme vetëm nëse janë disa mijëra vjet të vjetra dhe se gjithçka tjetër është vetëm një masë sektesh të rrezikshme.

Këta janë të gjithë ata që hyjnë mes të vërtetës dhe njeriut, që e lejojnë të besojë në fenë e priftërinjve të mëdhenj shtetërorë me petka të bardha, këta shkencëtarë që thonë se ne rrjedhim nga majmunët, por fëmijët e tyre i pagëzojnë dhe i vendosin kryq në varr. të prindërve të tyre. Janë ato që i lejojnë qenieve njerëzore të besojnë në fe-traditën, ajo që lejon vlerat e mëdha që janë në themel të shoqërisë së tyre të kalbur të mbijetojnë edhe disa vite, ajo që mbron familjen që mbyt temperamentet dhe paguan. taksat, ajo që mbron atdheun që është fidanishtja e politikanëve të gatshëm të bëjnë gjithçka për të vazhduar të futin në xhep rrogën e tyre, e ushtarëve që bëjnë të njëjtën gjë për rrogën e tyre princërore dhe e të gjithë zyrtarëve të ulët të privuar nga përgjegjësia nga funksionet e tyre. kanë iluzionin për të mbrojtur shoqërinë kur dënojnë, torturojnë ose vrasin dikë. Këtu janë fetë e dashura nga ata që na qeverisin. Sigurisht jo ato që mund t'i bëjnë të rinjtë të vibrojnë, duke i bërë ata të zbulojnë të vërtetën, dhe gjithashtu t'u japin dëshirën për të përmbysur këto struktura primitive për t'i zëvendësuar ato me sisteme në harmoni me teknologjitë futuriste në të cilat jetojmë. Këtu qëndron shqetësimi kryesor i atyre që u imponojnë njerëzve të tokës vullnetin e tyre: të mospërgjegjësohen sa më shumë nga qenia njerëzore. Dhe ata e dinë mirë pse. Ata e dinë se një ushtar mund të vrasë ata që ka përballë vetëm nëse bindet ta bëjë këtë për ndonjë arsye. Dhe ata gjithashtu e dinë se i njëjti ushtar do të jetë në gjendje të torturojë një të burgosur vetëm nëse ai ka përshtypjen se është i dobishëm për diçka të madhe. Ata e dinë gjithashtu se qytetarët do të pranojnë të paguajnë më shumë taksa pa ngritur hundën vetëm nëse bëhet fjalë për ndihmën e fermerëve që janë viktima të thatësirës. Për diçka të madhe, njeriu është gati për çdo gjë. I gjithë arti i liderëve qëndron në bindjen e popullatës se atdheu i tyre është diçka e madhe. Një përvojë shumë e pasur mësimore u zhvillua nga disa shkencëtarë amerikanë. Ata punësuan aktorë që supozohej të pretendonin se merrnin pjesë në një eksperiment mbi potencialin për dhunë ndaj qenieve njerëzore. Më pas ata postuan reklama dhe rekrutuan njerëz që do të pranonin të merrnin pjesë në një përvojë të krijuar për të mësuar më shumë rreth aftësive të trurit të njeriut. Këta persona u vendosën një nga një para një stoli ku kishte leva të ndryshme kontrolli që i lejonin t'i dërgonin një goditje elektrike aktorit, i cili, i vendosur pas xhamit, bënte sikur i merrte goditjet. Supozohej se levat e ndryshme të kontrollit duhet të dërgonin një shkarkesë që varion nga pesëmbëdhjetë deri në katërqind volt, dhe se secila prej këtyre tridhjetë levave do të dërgonte në mënyrë të njëpasnjëshme një shkarkim pesëmbëdhjetë volt më të madh se ai i mëparshmi duke shkuar nga e majta në të djathtë.

Duke mirëpritur jashtëtokësorët

Gjithashtu u tregua nëse goditja e krijuar ishte e lehtë, mesatare, e fortë apo shumë e fortë. Aktori pa llamba të ndezura para tij që e lejuan të kuptonte se çfarë tensioni me sa duket duhej të merrte në atë lloj karrige elektrike në të cilën ishte i lidhur fort. Më pas ai imitoi reagime proporcionale me tronditjen e marrë. Për një goditje të lehtë, ai thjesht dha një goditje të vogël, për një goditje mesatare, ai kërceu më shumë, bërtiti paksa dhe filloi të protestonte duke thënë se nuk donte të vazhdonte më përvojën. Nëse goditjet rriteshin në intensitet, ai bërtiste duke lutur që të zgjidhej. Kur goditjet arritën intensitetin e tyre maksimal, pra katërqind e pesëdhjetë volt, ai bëri sikur humbi vetëdijen dhe u godit nga rryma. Subjekti që ishte rekrutuar me anë të njoftimit, i dërgonte këto goditje elektrike për t'i sinjalizuar personit që kishte përballë, pa e ditur se ishte aktor, se po u jepte përgjigje të gabuara pyetjeve të thjeshta që i bënte shkencëtari që po kryente eksperiment.eksperiment. I njëjti shkencëtar i shtyu ata që dhanë goditjen elektrike të rrisin tensionin pa u shqetësuar për protestat e atyre që e morën atë, duke i thënë se kjo do të lejonte shkencën, e për rrjedhojë njerëzimin, të përparonte në mënyrë të jashtëzakonshme.

Kjo përvojë, në të cilën ai që mendonte se ishte eksperimentuesi në fakt u vëzhgua dhe u studiua, u riprodhua disa herë për të hartuar statistika që do të na lejonin të dinim se sa burra do të shkonin aq larg sa të shkaktonin goditje elektrike të mjaftueshme për të vrasin mbi dikë tjetër, me pretekstin e përparimit të shkencës. Ky eksperiment u krye në vende të ndryshme për të krahasuar rezultatet. Ndryshe nga sa mendonin shkencëtarët se kishin pasi konceptuan këtë eksperiment dhe psikologët që ishin konsultuar, nuk ishte vetëm një pakicë e vogël njerëzish të çmendur që shkuan deri në katërqind e pesëdhjetë volt: 60% e subjekteve dëgjuan shkencëtarin i cili u kërkoi atyre të mos merrnin parasysh ankesat e personit të goditur nga rryma dhe për të vazhduar dërgimin e goditjeve edhe kur ky i fundit nuk lëshonte më zë, gjë që u konsiderua si përgjigje e gabuar e pyetësorit. Dhe kjo tri herë radhazi, pas së cilës personi dërgues i elektroshokut është zëvendësuar. Kjo përvojë u riprodhua në disa vende evropiane, ku përqindja e njerëzve që shkonin deri në katërqind e pesëdhjetë volt kalonte 70%. Rekordi absolut u arrit në Gjermani, me 85% të atyre që janë përgjegjës për vrasje nga goditja elektrike...

Përfundimet e profesorit Stanley Milgram, i departamentit të psikologjisë të Universitetit të Yale, janë si më poshtë:

"Kur individët vendosen në një gjendje kontrolli hierarkik, mekanizmi që zakonisht siguron rregullimin e disqeve individuale pushon së funksionuari, rolin e tij e merr përsipër komponenti i nivelit më të lartë".

"Zhdukja e ndjenjës së përgjegjësisë është pasoja më e madhe e nënshtrimit ndaj autoritetit..."

"Shumica e subjekteve e vendosin sjelljen e tyre në një kontekst të madh ndërmarrjesh të dobishme për shoqërinë: kërkimin e së vërtetës shkencore. Një laborator psikologjie mund të pretendojë qartë se është

Duke mirëpritur jashtëtokësorët

legjitim dhe në këtë mënyrë frymëzon besimin e njerëzve që ftohen të punojnë atje."
"Një akt si goditja e një viktime me rrymë, që duket të jetë një gjë e keqe në izolim, merr një kuptim krejtësisht të ndryshëm kur vendoset në këtë kontekst..."
"Morali nuk zhduket, por fokusi i tij bëhet rrënjësisht i ndryshëm: personi i varur ndjen turp ose krenari në varësi të faktit nëse i ka zbatuar mirë apo keq urdhrat e marra nga autoriteti. Gjuha ofron një numër të madh termash për të përcaktuar këtë lloj morali: besnikëri, ndjenjë detyre, disiplinë..."
"Ky është padyshim mësimi themelor i studimit tonë: njerëzit e zakonshëm, thjesht duke bërë punën e tyre dhe pa armiqësi të veçantë nga ana e tyre, mund të bëhen agjentë në një proces të tmerrshëm shkatërrimi. Për më tepër, edhe kur efektet shkatërruese të punës së tyre bëhen shumë të qarta dhe atyre u kërkohet të kryejnë veprime të papajtueshme me normat themelore morale, relativisht pak njerëz kanë burimet e brendshme të nevojshme për t'i rezistuar autoritetit..."
"Është një e metë vdekjeprurëse në natyrën tonë që, në planin afatgjatë, i lë specieve tona vetëm një shans mesatar për të mbijetuar." (Nënshtrimi ndaj autoritetit, S. Milgram, Paris, 1974)
Nuk mund të jetë më e qartë se kaq. Dhe ne e kuptojmë më mirë se si u sakrifikua Jezusi, se si miliona qenie njerëzore vdiqën në kthetrat e Inkuizicionit, gjatë luftërave fetare apo civile, gjatë masakrave naziste. Është më e lehtë të kuptosh se si një bakall apo kasap i ndershëm mund të ishte bërë një kryqëzues, një djegës shtrigash ose një burrë SS. të cilët dërgonin gra dhe fëmijë në krematoriume. Të gjithë menduan se po vepronin për të mirën e njerëzimit.
Të parët, duke e hequr qafe atë nga një njeri i ndritur që donte të përmbyste traditat e tyre, të tjerët duke ua hequr atyre që, duke jetuar ndryshe, sigurisht që ishin përgjegjës për të korrat e këqija, epidemitë apo krizën ekonomike. Që ide të tilla budallaqe mund të lindin në kafkat e idiotëve është e falshme. Megjithatë, është e pafalshme që sundimtarët ishin në gjendje të përdorin turmat, duke marrë ide të tilla monstruoze, për t'i motivuar dhe për t'u dhënë arsye për të vepruar.
Në Francë, përgjegjësit për dhunën në Algjeri vepruan sipas të njëjtit parim dhe i detyruan oficerët të torturonin afrikano-veriorët me pretekstin e marrjes së informacionit të dobishëm për "atdheun". Në njëfarë mënyre ata që torturuan veten "flijuan", duke vepruar kështu me "bravura" në interes të vendit të tyre...
Burrat e tokës, jini vigjilentë dhe mos bëni as veprimin më të vogël pa pyetur veten nëse kjo nuk është në kundërshtim me ndjenjën tuaj të thellë të respektit për personin njerëzor. Refuzoni çdo hierarki që nënkupton një shtypje të përgjegjësisë suaj për veprimet që kryeni.

Duke mirëpritur jashtëtokësorët

Nuk është rastësi që të gjithë nazistët që u gjykuan u mbrojtën me mirëbesim duke thënë se po zbatonin vetëm urdhrat. Edhe personi që hodhi bombën atomike në Hiroshima ishte vetëm duke ndjekur urdhrat.
Aktualisht në Francë dhe në të gjitha fuqitë e mëdha, ka njerëz që janë në gatishmëri për të lëshuar raketa bërthamore me ndërgjegje të plotë, sepse ata do të zbatonin vetëm urdhrat..." Ata janë përgjegjës!
Në të gjithë Gjermaninë naziste, miliona burra torturuan gra dhe fëmijë, sepse ata nuk bënin gjë tjetër veçse zbatonin urdhrat. A është Hitleri i vetmi përgjegjës? Shumë e lehtë! Qindra raketa bërthamore janë gati të lëshohen nga toka franceze për të arritur në qytetet ku jetojnë gra dhe fëmijë dhe a do të ishte i vetmi përgjegjës në rast masakre, Presidenti i Republikës? Jo! Çdo njeri që ka në duart e tij fuqinë për të vrarë burra të tjerë është personalisht përgjegjës për përdorimin që do t'i bëjë. Ai që ndez krematoriumin në të cilin rënkojnë fëmijët është edhe më i përgjegjshëm se drejtuesi që jep urdhrin dhe ai që hedh një bombë në një qytet është më i përgjegjshëm se ai që merr vendimin.
Çdo njeri është plotësisht përgjegjës për veprimet e tij dhe në asnjë rrethanë nuk mund të fshihet pas faktit se ka vepruar vetëm për të zbatuar urdhrat që i janë dhënë.
Ju raelianë, nëse unë vetë ju kërkova nesër të vrisni dikë për të çuar përpara lëvizjen tonë, ju nuk duhet ta bëni këtë. Më mirë akoma, nëse vetë Eloha ju kërkon të vrisni një burrë, ju nuk duhet ta bëni atë. Ndoshta ky mund të jetë Satanai që përpiqet t'u provojë të Përjetshmëve se njerëzit janë thelbësisht të këqij.
Të gjitha veprimet tuaja duhet të bazohen në një respekt të thellë për jetën e të tjerëve, idetë dhe shijet e tyre. Ne luftojmë ideologjitë, pa e marrë kurrë personalisht kundër atyre që i mbështesin.
Zgjoni ata që ju rrethojnë, mësojini ata të respektojnë thellësisht qeniet e tjera njerëzore dhe të refuzojnë mospërgjegjësinë, përhapësi më i rrezikshëm i së cilës është ushtria.
85% në Gjermani, 60% në SHBA... Duhet të veprosh duke përdorur të gjitha forcat që nesër të mos ketë më shumë se 10% njerëz të dobët që do të pranonin të kryenin veprime të dhunshme të urdhëruara nga një hierarki politiko-ushtarake.
Ata që vranë Jezusin e bënë këtë në qetësi të plotë. Ata nuk ishin përgjegjës: ata nuk bënë gjë tjetër veçse zbatuan urdhrat. Vetë Pilati nuk pranoi të merrte përgjegjësinë për dënimin me vdekje. Ai "lau duart" prej tij. Dhe ai i la fanatikët e kushtëzuar nga rabinët ndërsa njerëzit SS ta kryqëzonin. Nëse të gjithë këta njerëz do të pyeteshin, askush nuk do të ndihej përgjegjës. Të gjithë do t'i lanin duart prej tij, siç bënin romakët: rabinët, sepse ata do të thoshin se i ishin bindur besimit dhe një udhëheqësi, edhe fanatikët. Me pak fjalë, ndoshta një person mund të shpallej përgjegjës, por në realitet është një popullatë e tërë ajo që ka kryer një krim. Krimi i mosndërhyrjes për të parandaluar një atentat të

tillë, pra dënimin me vdekje të një personi të pafajshëm.

Edhe ata që dërguan të krishterët e parë të vdisnin në gropën e luanëve nuk bënë gjë tjetër veçse zbatuan urdhrat, madje edhe ata që dogjën shtrigat, ata që martirizuan protestantët. Ashtu si nazistët e Aushvicit që ndiqnin vetëm urdhrat, si piloti bombardues që fluturoi mbi Hiroshima ose si njerëzit që u gjendën në komandë të helikopterëve që rrafshuan me tokë fshatrat vietnameze...
Të gjithë ju, në çdo moment, keni një zgjedhje: vazhdoni të jeni përgjegjës për veprimet tuaja ose bëhuni "të papërgjegjshëm". Por "të papërgjegjshmit" janë ende përgjegjës për veprimet e tyre dhe do të duhet të përgjigjen një ditë për ta, pasi të gjithë janë kriminelë kundër njerëzimit.
Mësoni këtë përmendësh nëse është e nevojshme, por refuzoni çdo bindje ndaj një hierarkie që synon t'ju bëjë të kryeni veprime për të cilat nuk do të mbani përgjegjësi. Ushtria është shembulli më i rrezikshëm i kësaj. Është më mirë të vdesësh duke qenë përgjegjës për refuzimin tënd për të vrarë sesa të vrasësh të tjerët duke u fshehur pas preteksit se i bindesh vetëm urdhrave. Ai që zbaton urdhra monstruoz është më i përgjegjshëm se ai që i jep.

Asnjë shkak nuk justifikon vuajtjet e të tjerëve, sido që të jetë. Nëse mbijetesa e Njerëzimit do të varej nga vuajtjet që i shkaktoheshin një njeriu të vetëm jo të dhunshëm, do të ishte më mirë të linim të gjithë njerëzimin të humbiste. Dhe kjo është edhe më e vërtetë nëse bëhet fjalë vetëm për mbijetesën e "atdheut", pra për një kufi të tërhequr arbitrarisht në një Tokë që i përket të gjithë qenieve njerëzore.
Vetëm respektimi absolut i këtij parimi mund të parandalojë rrëshqitjen e padukshme drejt një mospërgjegjësie të individëve.
"Unë jam përgjegjës për gjithçka që u bëj të tjerëve edhe nëse më urdhërojnë ta bëj atë." Këtu është fjalia e parë që duhet të keni gjithmonë parasysh.

"Asnjë shkak nuk justifikon vuajtjen ose vdekjen e një qenieje jo të dhunshme dhe, edhe nëse vetë mbijetesa e njerëzimit varej nga
nga kjo, nuk do të justifikonte asnjë përjashtim". Këtu është fjalia e dytë që duhet mbajtur gjithmonë parasysh.
Është e qartë se e gjithë kjo nuk vë në pikëpyetje të drejtën për vetëmbrojtje, siç përcaktohet në mesazhe, dhe se ju lejon të reduktoni përfundimisht në impotencë me forcë dikë që tenton të ushtrojë dhunë kundër jush ose atyre që doni. Nëse një ushtarak kërcënonte shkatërrimin e njerëzimit me raketat e tij, do të ishte plotësisht e justifikuar të përpiqej ta reduktonte atë në impotencë duke përdorur forcën, madje deri në atë pikë sa ta vriste nëse nuk do të kishte mjete të tjera.

Dhuna mund të zbatohet kundër atyre që kërcënojnë njerëzimin me dhunë, duke kërkuar, nëse është e mundur, vetëm për t'i çarmatosur dhe për t'i reduktuar në impotencë.

Për më tepër, ekziston një mënyrë e mirë për t'i detyruar ata që kanë pushtetin për të asgjësuar qytetet në duart e tyre të rishqyrtojnë duke zbatuar urdhrat që u kërkojnë atyre të lëshojnë raketa bërthamore. Mjafton të mbash një listë të saktë të identitetit të tyre, në mënyrë që ata të dinë se nëse përdorin këto armë, do të ndiqen penalisht në nivel personal ashtu si ata që kanë dhënë urdhra. Po tentohet të zbatohet ky parim në rastin e kriminelëve nazistë. Nëse një listë e tillë do të kishte ekzistuar para vitit 1939 dhe dispozita të tilla do të ishin të njohura për të gjithë, ata me siguri do ta kishin menduar dy herë përpara se të torturonin.

Civilët jo të dhunshëm duhet të kenë mundësinë e vendosjes së vëzhguesve neutralë midis ushtrisë, të ngarkuar me zbulimin e identitetit të të gjithë atyre që kryejnë misione çnjerëzore nën pretekstin e bindjes së urdhrave.

Ka polici, por nuk ka polici për ushtritë, të cilët janë të lirë të urdhërojnë çfarë të duan, duke e ditur se në kohë lufte një ushtar që refuzon të zbatojë një urdhër mund të qëllohet në fushë.

Këta vëzhgues, me shpresën se nuk do të ketë më ushtri apo luftëra në tokë, mund të kundërshtojnë ekzekutimin e ushtarëve që refuzojnë të zbatojnë urdhra që mund të konsiderohen krime kundër njerëzimit. OKB-ja mund të impononte vëzhgues të tillë në ushtritë e të gjitha kombeve dhe asnjë ushtar nuk mund të dënohej me vdekje nëse mosbindja e tij ndaj urdhrave nuk gjykohej fillimisht nga një bord vëzhguesish për të përcaktuar nëse urdhri i dhënë përbënte një krim kundër njerëzimit.

Kjo është pikërisht se si shumë burra detyrohen të ndjekin urdhrat që ata vetë i dënojnë: ata kanë frikë të ndëshkohen nëse nuk i binden. Ata më mirë do të vrisnin ose torturonin të pafajshëm sesa të burgoseshin ose të vrisnin veten. Refuzoni të përkuleni! Bëhuni vërtet heronj të njerëzimit dhe preferoni burgosjen ose vrasjen në vend që të ngrini dorën mbi të pafajshmit. Kur të keni motivuar miliona njerëz të veprojnë si ju, ata që japin urdhrat do të shohin para tyre një ushtri njerëzish që refuzojnë të kryejnë krimet që ata urdhërojnë. Atëherë do të ketë ardhur koha për të ndëshkuar ata që guxuan të lëshonin urdhra të tillë me shpresën se do të dëgjoheshin.

Përpara vitit 1936, burrat gjenin energji të mjaftueshme për të refuzuar punën dhe për t'u organizuar në sindikata, kur shefat ishin të gjithëfuqishëm në shfrytëzimin e "bagëve" njerëzore dhe shumë prej tyre vdiqën nga plumbat e policëve që mbronin "rendin". E njëjta energji mund të gjendet për të luftuar kundër formës më të fundit të tiranisë së imponuar mbi banorët e Tokës: militarizmin.

Gjithçka që ju them shqetëson shumë njerëz që kanë pushtet dhe nder. Fatkeqësisht për ta, ata e vunë re ekzistencën time shumë vonë. Nëse gjatë dy viteve të para të punës sime kam qenë shumë i shqetësuar, tani nuk jam më i tillë. Nëse do të isha burgosur në fillim të aksionit tim, nuk do të kisha arritur të kryeja misionin tim në Tokë.

Fatmirësisht i fuqishmi i buzëqeshi këtij të riu me flokë të gjatë që fliste për disqe fluturuese dhe marsianë me antena rozë...

Tani ata e kuptojnë se sa është përmbajtja e mesazheve të krijuesit tanë janë revolucionarë dhe sa e vë në pikëpyetje gjithçka që u shërbeu për të ndërtuar pushtetin, fenë, politikën, ushtrinë, punën, familjen, atdheun etj. Pastaj ata fillojnë të përpiqen të më pengojnë të veproj duke përdorur "drejtësinë" e tyre kundër meje, ashtu siç u përdor drejtësia kundër vëllait tim, Jezusit. Gjithmonë ka drejtësi për të justifikuar padrejtësitë më të këqija. Kishte gjykata absolutisht zyrtare për të dënuar të krishterët e parë, për të dërguar shtrigat në kunj, hebrenj në kampet e shfarosjes ose disidentët sovjetikë në spitalet psikiatrike ose kampet e punës. Të gjithë këta njerëz ishin një bezdi sepse nuk pranuan të ktheheshin në radhët. Fatkeqësisht për ta, ata u zgjuan shumë vonë. Edhe nëse më mbyllin në fund të një prej burgjeve të tyre, ju jeni mijëra të shpërndarë nëpër kombe të ndryshme dhe ju jeni nga ana tjetër lajmëtarë të Elohim. Nuk jam më vetëm, jemi tre mijë. Dhe unë do të hyja në qeli me një buzëqeshje në buzë, duke menduar për ty që në mbarë botën do të jenë shumë Raelë të tjerë që punojnë së bashku që të ndërtohet Ambasada dhe që njerëzimi të hyjë në epokën e artë.

Në fund të burgut tim do të njihja lumturinë e dikujt që ka arritur atë për të cilën ekzistonte dhe do ta dija se gjithçka po ndodh edhe pa mua, me shpresën që babai im në parajsë të kuptojë se unë nuk jam më shumë i dobishëm. tokë dhe më lejoni të bashkohem me vëllezërit e mi profetë në planetin e të Përjetshmëve.

Vetëm në idenë e gjithë kësaj, dua të këndoj për lavdinë e etërve tanë, për t'u kthyer në shqiptimin e këtyre fjalëve që njerëzit i kanë përsëritur pa kuptuar: Halleluja! Aleluia, që në hebraisht do të thotë: "I bekuar qoftë Zoti". Po, lëvdojeni Zotin që më dha forcën për ta përfunduar misionin tim deri në fund.

Tani jua kaloj stafetën, vëllezër Raelian. Ju takon të përmbushni misionin tuaj dhe të merrni përsëri pishtarin që ju kam transmetuar. Edhe nëse koha kur e vërteta triumfon ende nuk ka ardhur, nuk është më aq larg dhe do të keni fatin ta përjetoni.

Është shkruar: "Ky brez nuk do të kalojë derisa të zbulohet gjithçka"; kjo u referohet atyre që do të kenë fatin të jetojnë në epokën e Apokalipsit në të cilën kemi hyrë që nga viti 1945. Ky brez jeni ju! Dhe ju, ose do të njihni epokën e artë në një tokë që do të keni kontribuar në qetësimin dhe ndriçimin, ose gjithçka do të shembet dhe do të njihni epokën e artë në shoqërinë e të zgjedhurve që tashmë janë në planetin e Të përjetshëm.

Elohimët po mbështeten te ju për të triumfuar dritën. Fjala ime e fundit do të jetë ende një çmitizim etimologjik: Amen! që në hebraisht do të thotë: qoftë kështu!

Dhe ju që e zbuloni këtë vepër pa i ditur mesazhet e krijuesve tanë, nxitoni të lexoni dy librat që i përmbajnë dhe bashkohuni me ne për të na ndihmuar që t'ua bëjmë të njohur njerëzve të tokës dhe të ndërtojmë së bashku rezidencën në të cilën ata do të të vijnë zyrtarisht për të marrë kontakt me sundimtarët e planetit tonë. Ata do të vijnë në këtë ambasadë, ambasada tokësore e Elohim-it, të shoqëruar nga lajmëtarët e tyre të lashtë, Moisiu, Jezusi, Buda, Muhamedi dhe disa të tjerë, ashtu siç shpallin Shkrimet e Shenjta.

Atëherë më shkruani. Unë personalisht do t'i përgjigjem letrës suaj dhe do t'ju them se ku dhe kur mund të transmetoni planin tuaj celular, akti i parë që vërteton njohjen tuaj të Elohim si krijuesit tanë. Unë do t'ju jap adresën e udhërrëfyesit në rajonin tuaj, vendet dhe datat e seminareve Raelian që mund t'ju bëjnë një udhërrëfyes, domethënë një lajmëtar efektiv të fesë sonë ateiste të pafundësisë, të lulëzimit dhe dashurisë për Njerëzimin.

Merrni stilolapsin tuaj! Mos jini më spektatorë të jetës suaj! Bëhuni aktorë në skenën e kësaj përditshmërie të trishtuar, gri dhe të dorëhequr, që është e juaja, për ta ndriçuar atë me mijëra ngjyrat në ndryshim të ndërgjegjes absolute.
Ju keni një copë letër, diçka për të shkruar, thjesht, me modesti. Me fjalë të përditshme, më tregoni nëse zbulimi i së vërtetës ju tronditi. Mos e lësho këtë impuls që ke ndjerë të rritet brenda teje duke i thënë vetes: "Epo nuk është keq, por çfarë të ndryshoj unë që di shumë pak gjëra dhe çfarë do të thonë fqinjët e mi?" etj.

Mos u fut në guaskën e brishtë që shoqëria të ka ngjitur pas shpine! Keni filluar ta lëshoni kokën jashtë dhe ju duket e mrekullueshme, por keni frikë se ky është vetëm një iluzion dhe se kjo kënaqësi kalimtare mund t'ju shkaktojë shumë probleme më vonë. Është e rreme!
Këtë ngazëllim fantastik që ndjeve brenda vetes, jetoje në maksimum. Do të hyni në një botë në të cilën do të takoni qindra njerëz të cilët, si ju, papritur, në një natë të vetme, i zbuluan mesazhet dhe gjithashtu hezituan përpara se të angazhoheshin për t'i përhapur ato.

Ata do t'ju ndihmojnë, duke shpjeguar përparimin e tyre. Do ta gjeni veten në bisedat e tyre, duke qeshur me ankthin tuaj, të mbushur me lumturinë që mund të flisni lirshëm dhe pa frikë nga reagimet ironike. Që në fillim, do të jeni të sigurt se po flisni me njerëz që kanë të njëjtin konceptim për universin si ju. Ky koncept që e keni brenda vetes dhe për të cilin nuk keni guxuar të flisni me askënd nga frika se mos ju tallin.

Pierre, një nga udhërrëfyesit tanë, tha: "Nuk bëhesh Raelian: zbulon se tashmë ke qenë duke zbuluar mesazhet."
Nëse edhe ju e keni zbuluar që tashmë keni qenë, unë jam duke pritur për letrën tuaj dhe Elohimët po presin që ju ta postoni!

Rael,
International Raelian Movement

Case Postale 225, CH-1211 Geneva 8,
Switzerland

Email: headquarters@rael.org

Për të kontaktuar Lëvizjen Raeliane të vendeve të Ballkanit shkruani një email në: balkans@rael.org

Duke mirëpritur jashtëtokësorët

IV

Shtojca

Shfaqja e 7 tetorit 30 D.H. (1976)

Më 7 tetor 1976, rreth pesëdhjetë Raelianë u mblodhën në Nègrerie, pranë Roc Plat, në Dordogne, në Francën jugperëndimore, për përvjetorin e parë të kontaktit të 7 tetorit 1975, gjatë të cilit Raeli ishte marrë në planetin e të përjetshmit dhe kishte marrë mesazhin e dytë që përmban libri "Jashtëtokësorët më çuan në planetin e tyre".
Takimi do të zhvillohej në orën 15:00. Në orën 14:45, të gjithë shkuan në vendin e planifikuar dhe u mblodhën rreth Raelit. Mbreti një harmoni e pamasë dhe të gjithë u prekën shumë për të kaluar disa minuta me profetët e fundit. Papritur, dikush bërtiti: "Çfarë po bie nga qielli?" Thekona të mëdha ranë nga një qiell pothuajse pa re. Dukej se ishin prej një materiali pambuku dhe kur dikush i prekte ato avullonin brenda pak çastesh.
Pastaj dikush bërtiti: "Atje! Ka diçka që shkëlqen në qiell!", duke ngritur dorën. Dy objekte me shkëlqim shumë të shndritshëm ishin direkt mbi ne. Rënia e thekoneve zgjati rreth dhjetë minuta dhe objektet fluturuese u zhdukën papritur. Roger, një udhëzues nga Toulouse, i cili punon në një laborator kërkimor, arriti të merrte një nga këto grupe pambuku brenda një tubi, por kur i nxori për t'i ekzaminuar, ato avulluan.
Të gjithë ata që patën privilegjin të përjetonin këto momente
të jashtëzakonshme, ata nuk ishin të zhgënjyer që kishin përshkuar të gjithë Francën, dhe aq më tepër, që Rael të kryente Transmetimin e Planit të tyre Celular. Pikërisht në vendin e tubimit dhe në momentin e saktë në të cilin do të bëhej ky tubim, Zoti u kishte ofruar të pranishmëve një shenjë që nuk mund ta harronin kurrë. Dhe për herë të parë, Rael nuk ishte i vetmi që dëshmoi evolucionin e tyre. Pesëdhjetë njerëz ishin me të dhe kështu mund të japin dëshminë e tyre.
Më pas, Philippe, një udhërrëfyes në Belgjikë, gjeti një libër ku shkruhej se një fenomen i ngjashëm ishte vërejtur disa herë, pothuajse kudo në botë, veçanërisht në Itali gjatë një ndeshje futbolli që duhej të ndërpritej, si dhe në Belgjikë. dhe në Brazil ku ishin parë dy objekte të shndritshme dhe thekon pambuku.
Raeli na thotë gjithmonë se mbledhjet tona nuk kanë për qëllim të na bëjnë dëshmitarë të një shfaqjeje tjetër dhe ai nuk mund të mos e përsërisë atë çdo herë. Sido që të jetë, të shumtë janë ata që shpresojnë që Elohim të na bëjë një tjetër surprizë të madhe...

Mesazh nga Elohim i 14 marsit 32 A.D. (1978)

Transmetuar në mesnatë në mënyrë telepatike në Rael.
"Unë, Zoti, me gojën e lajmëtarit tim Rael, u dërgoj mesazhin e mëposhtëm njerëzve të tokës:
"Bej kujdes! Nuk është e pamundur që jashtëtokësorët përveç nesh së shpejti do të kontaktojnë me njerëzit e tokës. Ato janë gjithashtu qenie që ne i kemi krijuar shkencërisht në një sektor tjetër të universit dhe me të cilat nuk mbajmë asnjë marrëdhënie të drejtpërdrejtë për arsye që nuk mund t'ju shpjegojmë pa shkaktuar një çekuilibër.
Thjesht dijeni se ne po mbështetemi tek ju që t'i mësoni këto qenie, të cilët janë vëllezërit tuaj hapësinorë dhe që kërkojnë njësoj si ju të dinë se cila është origjina e tyre, të vërtetën rreth krijimit të tyre, duke u zbuluar atyre "Librin që tregon të vërtetën" dhe mesazhi i 7 tetorit të vitit 30 të epokës së Apokalipsit".
Është e rëndësishme të theksohet se ky është i vetmi mesazh i transmetuar telepatikisht Raelit në tre vjet (ndërmjet kohës kur Raeli mori mesazhin e dytë në vitin 31 dhe botimit të kësaj vepre në vitin 34 -1979), sepse gjithçka që burrat duhet të dinë, ose pothuajse gjithçka, është thënë në dy mesazhet e para.

Modifikimi i urdhërimeve të reja

E gjashta e urdhërimeve të reja, në faqen 87 të mesazhit të dytë, është modifikuar.
Për të shmangur plakjen e tepërt të kreut të Kishës Raeliane, siç ndodh në Kishën Katolike Romake, Udhërrëfyesi i Udhërrëfyesve do të zgjidhet për shtatë vjet nga drejtuesit e nivelit të pestë, nga të cilët të paktën dymbëdhjetë duhet të shprehen.
Në pritje të një numri të mjaftueshëm, ai do të zgjidhet nga udhërrëfyesit e nivelit të katërt të lidhur me drejtuesit e nivelit të pestë, të cilët duhet të jenë të paktën dymbëdhjetë gjithsej për të dhënë mendimet e tyre. Në rast se nuk ka një numër të mjaftueshëm udhërrëfyesish të të dy niveleve, atëherë në votim do të pranohen edhe udhërrëfyesit e nivelit të tretë.
Udhërrëfyesi i Udhërrëfyesve do të zgjidhet nga radhët e udhërrëfyesve të nivelit të katërt dhe të pestë dhe mund të rizgjidhet në fund të mandatit të tij shtatëvjeçar. Ky ndryshim ka të bëjë gjithashtu me një ndryshim në të katërtën e urdhërimeve të reja, në faqen 87 të mesazhit të dytë.
Dhurata vjetore, e barabartë me të paktën një cent të të ardhurave, duhet t'i bëhet Fondacionit Raelian, i cili do të sigurojë nevojat e Guide of Guides për ta lejuar atë t'i përkushtohet me kohë të plotë misionit të tij për përhapjen e mesazheve.
Këto modifikime të mesazhit të dytë pranohen nga krijuesit tanë të cilët e kuptojnë vlefshmërinë e këtyre dispozitave të reja të sugjeruara nga Raeli për ta bërë Lëvizjen më efektive dhe për të përshpejtuar përhapjen e saj.

V

Komentet dhe Dëshmitë e Raelianëve

Raeelism nën syrin e shkencës

Nga Marcel Terrusse
Inxhinier Kimik, Guide Raelian.

I. Obskurantizmi Evolucionar dhe Miti Neo-Darvinist

Shumica e njerëzve mësuan për evolucionin në shkollë. Këta njerëz janë ndikuar nga kjo teori duke studiuar historinë, shkencën, filozofinë dhe madje edhe fenë. Lidhur me këtë, Jean Rostand rrëfeu si vijon: "Ne jemi të ngopur, të ngopur me idenë transformuese... Të gjitha këto i mësuam në shkollë. Ne përsërisim mekanikisht se jeta evoluon, se qeniet shndërrohen në njëra-tjetrën."
Ky indoktrinim, brez pas brezi, përfundon në mënyrë të pashmangshme duke ndikuar në mendjen e njeriut, aq më tepër që studentët rrallëherë paraqiten me këndvështrimin e kundërt!
Kur studiues, profesorë dhe klerikë të njohur pohojnë se evolucioni është një fakt dhe nënkuptojnë se vetëm injorantët refuzojnë ta besojnë atë, sa laikë do të guxojnë t'i kundërshtojnë ata?
Kjo është veçanërisht e vërtetë për dikë që planifikon ose ndjek një karrierë shkencore. Për fat të mirë, disa mendje veçanërisht largpamëse ngrihen kundër kësaj gjendjeje dhe, në librin e tij L'évolution (1960), biologu i shquar Jean Rostand shkruan: "a është vërtet kaq e sigurt, siç pretendojnë neo-darvinistët, që problemi i evolucionit është zgjidhur përfundimisht?"
"Transformimet që ne njohim dhe që duam t'i bëjmë përgjegjës për ndërtimin e botës së gjallë janë, në përgjithësi, privime organike të mangësive (humbje pigmentesh, humbje të një apendiksi) ose dyfishim të organeve para-ekzistuese. Në çdo rast, ata kurrë nuk sjellin asgjë të re, vërtet origjinale, në planin organik, asgjë që mund të mendohet se mund të jetë baza e një organi të ri ose shkas për një funksion të ri."
"Jo, definitivisht, nuk mund të vendos të mendoj se këto "boshllëqe" të trashëgimisë mund të kenë krijuar, qoftë edhe me ndihmën e seleksionimit natyror, qoftë edhe me favorin e kohëzgjatjes së pamasë të disponueshme për evolucionin e jetës, të gjithë qenien e gjallë botërore, me pasuritë e saj dhe delikatesat e saj strukturore, përshtatjet e saj mahnitëse".
Gjatë dekadave të fundit, janë kryer eksperimente të shumta për të përcaktuar mekanizmin e mutacioneve.

Në veçanti, u studiua miza e uthullës, Drosophila melanogaster. Këto punime u kryen, ndër të tjera, nga H. J. Muller, fitues i çmimit Nobel në vitin 1946, i cili tha: "Është kaq e rrallë që një mutacion të jetë i shëndetshëm sa mund t'i konsiderojmë të gjithë si të dëmshëm".
Shumica e mutacioneve, si ato që shkaktohen në laborator ashtu edhe ato që shfaqen në popullatë, prodhojnë përkeqësime, transmetim të sëmundjeve trashëgimore dhe deformime.
Plani kromozomal i organizmave të gjallë është jashtëzakonisht kompleks dhe çdo modifikim i rastësishëm do të shkaktojë në mënyrë të pashmangshme çorganizim.
Nëpërmjet metodave eksperimentale janë prodhuar pula me qafë të zhveshur, madje edhe krejtësisht pa pupla, insekte të cilave u është modifikuar pak a shumë ngjyra e syve, krahëve, gjymtyrëve të pasme apo organeve të tjera. Por në natyrë, asnjë prej këtyre mutantëve nuk përfiton.
Një aksident nuk sjell kurrë përmirësime, vetëm dëme.
Ju nuk përpiqeni të përmirësoni saktësinë e një kronometër duke e hedhur në tokë, ose të rrisni kompleksitetin e një kompjuteri duke e goditur atë me një çelës!
Dhe faktori kohë nuk ndryshon asgjë, ajo që ishte e pamundur dje është e pamundur edhe sot. Mutantët mbeten gjithmonë brenda specieve primitive. Transformimet e panumërta të shkaktuara në Drosophila nuk kanë prodhuar kurrë individë të ndryshëm nga paraardhësit e tyre. Mutacionet bëjnë që madhësia, morfologjia dhe ngjyra e mizave të ndryshojnë, por asnjë mutacion ose seri mutacionesh nuk ka bërë që të shfaqet një organizëm vërtet i ri.
Qelizat e gjalla janë të përbëra nga molekula jashtëzakonisht komplekse, vetë grumbullime atomesh, të shumta dhe të ndryshme. A është e mundur që fillimisht këto atome të shpërndara ishin në gjendje të grupoheshin spontanisht së bashku dhe të grumbulloheshin?
Jo, pasi lënda e pajetë nuk kërkon të përmirësohet; përkundrazi, priret drejt një gjendje neutralizimi ose stabilizimi. Nuk ka kuptim të kërkojmë ndihmën e periudhave të mëdha kohore. Koha prodhon dekompozim, shpërbërje.
Kjo tendencë, për më tepër, shprehet në një ligj të termodinamikës që përcakton funksionin "entropi". Ky term përcakton tendencën e çdo strukture organike për t'u rikthyer drejt një strukture më pak të organizuar.
Nuk ka kurrë një fitim në rregull pa ndërhyrjen e një force të jashtme.
Lënda e pajetë, pa lëvizje ose energji, do të kishte mbetur pafundësisht inerte pa ndërhyrjen e një force të jashtme drejtuese dhe organizuese. Teoria evolucionare bie ndesh me ligjin e entropisë.
Metodat vërtet shkencore nuk janë aplikuar dhe vazhdojnë të mos aplikohen për të ndërtuar teoritë e evolucionit. Faktet nuk i kanë kapërcyer përfundimet e paramenduara në mendjet e evolucionistëve.
Këto fakte duhet t'i lejojnë ata të bëjnë një gjykim të bazuar vetëm në

prova të forta dhe të nxjerrin përfundime të sinqerta, deduksione që nuk bazohen në egocentrizmin, zgjuarsinë, ndjekjen e lavdisë dhe karrierës ose nocione të paramenduara. Jeta në tokë nuk është fryt i rastësisë dhe domosdoshmërisë, por rezultat i një ndërhyrjeje të jashtme, e ndërhyrjes së Elohim, krijuesit tanë.

II. Hipoteza për një histori të re të njerëzimit

CIA, qendra e informacionit e SHBA-së, i ka besuar Institutit Hudson detyrën e kryerjes së një studimi mbi shpërndarjen e burimeve të qymyrit, naftës dhe gazit natyror në botë.

Profesor Nebring, drejtor i punës kërkimore, ka ardhur në një përfundim që është enigmë për të dhe për gjeologët.

Në fund të periudhës gjeologjike Triasik, në një kohë kur kontinentet nuk ishin ende të ndara siç janë sot, ekzistonte një lloj unaze nafte.

Pas lëvizjes kontinentale, kjo unazë nafte u copëtua në pjesë të ndryshme të cilat sot përbëjnë shumicën e depozitave të mëdha në botë: depozitat e Arktikut dhe Alaskës, rërat asfaltike të Albertës, rreshjet e naftës të Kolorados, Meksikës, Venezuelës, vajrat e rënda. të Orinokos, Nigerisë, Saharasë Jugore, Libisë, Arabisë, Iranit, Siberisë Perëndimore.

Kjo shpërndarje unazore është shumë befasuese për profesorin Nebring...

Aktualisht, nafta mendohet të jetë rezultat i dekompozimi i organizmave të gjallë në një mjedis reduktues të mbrojtur nga ajri. Yndyrnat dhe proteinat transformohen nga bakteret anaerobe (të cilat jetojnë në mungesë të oksigjenit). Prandaj, ky shpjegim sugjeron varrim të shpejtë për të siguruar që bakteret aerobe të mos dekompozojnë këto materiale.

Materialet që përbëjnë karbonin fosil janë bimët, në veçanti fierët arbëreshente. Dhe edhe në këtë rast duhet të ketë pasur një varrim shumë të shpejtë, sepse përndryshe, në një pyll, një pemë e ngordhur e rënë përtokë brenda pak muajsh kthehet në humus.

Ekzaminimi i depozitave tregon ngatërresa dhe akumulime në lartësi të konsiderueshme (dy mijë metra në Francën Veriore) dhe të shtira mbi sipërfaqe mbresëlënëse (tetëmbëdhjetë mijë kilometra katrorë në Shtetet e Bashkuara, në rajonin e Apalachit).

Vëllimi i materialit të varrosur brutalisht është i madh. Asnjë teori aktuale nuk shpjegon në mënyrë të kënaqshme se si mund të kishin ndodhur ngjarje të tilla.

Ne, Raelianët, mbajmë çelësin e kësaj enigme.

Elohimët, kur vendosën të shkatërronin laboratorët dhe bazat që kishin ndërtuar në tokë, si dhe tërësinë e krijimit të tyre, duhej të përdornin mjete për shkatërrimin e një fuqie të tillë që, në krahasim me ta, edhe bombat tona më shkatërruese thjesht do të dukeshin. fishekzjarre për fëmijë.

Kontinenti origjinal mbi të cilin ata kishin ndërtuar bazat e tyre dhe i cili me kalimin e shekujve ishte mbuluar me pyje të banuara nga të gjitha kafshët e krijimit, nuk i rezistoi kësaj kataklizmi.
Sipërfaqja e tokës, pyjet dhe kafshët u rrëmbyen nga dallgët goditëse të shpërthimeve. Dheu i sipërm u gërvisht gjithashtu, duke varrosur kështu tonelata të materialit poshtë forma të panumërta të jetës së kafshëve dhe njerëzve... Lënda organike u varros kështu brutalisht dhe më pas iu nënshtrua transformimit të ngadaltë në qymyr fosil dhe naftë...
Dhe kjo unazë e pamasë që sot e intrigon kaq shumë Nebringun, përfaqëson masën e materies që u shty nga bombardimi më i frikshëm që njerëzimit i është dashur të pësojë ndonjëherë...
Kontinenti origjinal nuk i rezistoi dot çekiçit të ujit dhe u copëtua nën efektin e valëve goditëse... Gjatë kësaj ngjarjeje, pllakat kontinentale u ndanë brutalisht dhe, duke rrëshqitur në bazën e tyre të magmës viskoze, lëvizën në drejtime të ndryshme; rrëshqitja e tyre, në fillim shumë e shpejtë, u ngadalësua me kalimin e viteve derisa sot arriti në disa centimetra në vit...
Shpejtësia e largimit të kontinenteve që matim sot është një "shpejtësi e mbetur", e cila tenton të ulet me kalimin e kohës.
Gjatë mijëra viteve që ndanë krijimin e kontinentit origjinal nga Elohim nga periudha e përmbytjes dhe shkatërrimit, erozioni bëri punën e tij. Masa të mëdha sedimentesh të grumbulluara në fund të oqeaneve, veçanërisht në skajet e shpatit kontinental, sedimente të pasura me mbetje shtazore dhe bimore të të gjitha llojeve, predha, etj.
Pllakat e Amerikës Veriore dhe Jugore, duke rrëshqitur drejt perëndimit, minuan sedimentet oqeanike të cilat, duke u grumbulluar në skajin e pllakës kontinentale, u ngritën për të formuar Andet dhe Malet Shkëmbore.
Në të njëjtën mënyrë, nënkontinenti indian, duke u shkëputur nga Afrika dhe duke rrëshqitur drejt verilindjes, u bllokua mes vetes dhe masës aziatike, masës së frikshme të materialeve që sot përbën zinxhirin Himalayan.
Kontinenti Antarktik, duke lëvizur drejt jugut, ishte i mbuluar me një mantel të trashë akulli, duke burgosur mbetjet e bimësisë tropikale edhe sot e kësaj dite.
Australia, e vendosur fillimisht krahas Afrikës dhe nënkontinentit Indian, u zhvendos drejt lindjes, duke grumbulluar në anën lindore të saj sedimentet që sot formojnë kordilerën australiane...
Këto kataklizma ishin titanike. Pati trazira që shkaktuan ndryshime të mëdha klimatike dhe gjeologjike, duke asgjësuar forma të panumërta të jetës, duke i varrosur nën batanije balte të ngrirë, rërë, baltë dhe dhe.
Në zona të caktuara, ndryshimet brutale të temperaturës përfshiu kafshët dhe bimët tipike të zonave tropikale në një bandë balte të ngrirë që i ka ruajtur ato deri më sot. Dhe ne shohim periodikisht mamuthë dhe kafshë të të gjitha llojeve që dalin nga arkivolet e tyre të akullit në veriun e madh të Siberisë...

Vetëm një numër i vogël burrash u mbrojtën në arkë gjatë përmbytjes. Pas kthimit të tyre, ata gjetën kontinente të shkatërruara plotësisht nga shkatërrimi dhe të panjohura. Përmbysjet gjeologjike kishin qenë të mëdha. Në shumë vende, toka ishte shkulur dhe defektet në shelfin kontinental shkaktuan fenomene vullkanike. Në lëvizjet e tyre nëpër këtë terren të vështirë për t'u njohur, këta të mbijetuar arritën të kuptojnë se, aty ku më parë ishte toka e një kontinenti të madh, tani ishte deti.

Në mendjen e tyre dhe në atë të pasardhësve të tyre, një kujtim i tillë u shtrembërua pak nga pak dhe kështu lindi miti i kontinenteve të zhdukur...

Ideja e zhdukjes së kontinentit të Mu ose Atlantis rrjedh nga kjo kujtesë, e shtrembëruar nga koha dhe transmetimi gojor. Kujtimi se në kohët e largëta ku sot gjendet uji ka qenë një kontinent... Por kontinenti nuk u fundos nën det... u largua... Jo të gjitha speciet e gjalla u rikrijuan pas përmbytjes; disa prej tyre, të konsideruara monstruoze ose të dëmshme për ruajtjen e ekuilibrit gjeologjik, nuk u rimbjellën, siç ndodhi me të gjithë zvarranikët e mëdhenj, dinosaurët dhe Saurianët e tjerë të frikshëm. Kjo shpjegon zhdukjen brutale dhe të njëkohshme të këtyre kafshëve paradiluvian... Pas përmbytjes, Elohimët bashkëjetuan me njerëzit e Tokës. Gjurmët e pranisë së tyre, të cilat mund të gjenden të shpërndara në të katër anët e tokës, janë postdiluviane.

Le të mësojmë të hapim sytë, ne kemi gjithçka që duhet të kuptojmë rreth nesh. Jemi në kohën e Apokalipsit, një kohë në të cilën mund të shpresojmë edhe një herë të gjejmë krijuesit tanë, Elohim.

III. Pagëzimi Raelian nën vështrimin e shkencës

Sot e dimë se studimet spektrale, pra studimi i marrëdhënieve ndërmjet materies dhe energjisë, kanë bërë të mundur marrjen e një grupi të tërë informacionesh dhe sqarimesh mbi strukturën dhe përbërjen e molekulave.

Lënda, e cila shfaqet e vazhdueshme në shkallën e shqisave tona, ka një strukturë të ndërprerë në secilën nga gjendjet e saj, të ngurtë, të lëngët dhe të gaztë. Në thelb ai përbëhet nga molekula të cilat gjithashtu rezultojnë nga një grumbullim atomesh.

Atomi është i krahasueshëm me një sistem planetar miniaturë të përbërë nga një bërthamë e ngarkuar pozitivisht rreth së cilës gravitojnë elektronet, të afta të rrotullohen në të njëjtën kohë mbi veten e tyre, ashtu si toka në lëvizjen e saj rreth diellit. Lëvizja e elektroneve përshkruhet nga katër numra kuantikë (kryesor, sekondar, magnetik dhe spin). Mekanika valore shoqëron çdo trup të lëvizshëm me një valë, ligji i përhapjes së së cilës përcaktohet në ekuacionin Shrodinger. Një atom është i ndjeshëm ndaj emetimit ose thithjes vetëm të rrezatimit të

frekuencave shumë specifike, gjë që rezulton në shfaqjen e një spektri linjash të ndara nga njëra-tjetra. Ekziston një korrespondencë midis energjive të një atomi në gjendjet e tij të ndryshme dhe frekuencave të rrezatimit që ai është në gjendje të emetojë ose thithë. Çdo atom
Prandaj mund të karakterizohet nga spektri i tij atomik.
Rezonanca magnetike bërthamore është gjithashtu e aftë të ofrojë njohuri shumë të hollësishme mbi natyrën e lidhjeve midis atomeve brenda molekulës. Në mënyrë të ngjashme, atomet e pranishme në një molekulë janë gjithashtu të ndjeshëm ndaj dridhjeve në lidhje me njëri-tjetrin. Nëse molekula përmban vetëm dy atome brenda saj, ekziston vetëm një dridhje e mundshme themelore, e cila ndjek vijën e drejtë që lidh dy qendrat e gravitetit të dy bërthamave. Prandaj, dridhja është lineare. Molekula që përmbajnë më shumë se dy atome ata posedojnë një numër më të madh të dridhjeve themelore. Atomet janë gjithashtu të afta të rrotullohen rreth boshteve. Energjitë e dridhjes dhe rrotullimit mund të ndryshojnë vetëm në mënyrë të pandërprerë. Kalimi nga një nivel energjie në tjetrin ndodh si nëpërmjet përthithjes ashtu edhe nëpërmjet emetimit të energjisë. Shndërrimet e materies janë të pandashme nga shkëmbimet e energjisë. Manifestimi i këtyre shkëmbimeve të energjisë mund të matet dhe regjistrohet.
Më pas marrim "spektra" specifike të këtyre transformimeve: rrotullimi molekular dhe spektri i vibrimit elektronikë.
Të gjitha molekulat në trupin tonë dridhen dhe lëshojnë a grup dridhjesh të cilat, në shikim të parë, paraqiten si një kakofoni e madhe. Trupi i njeriut është një lëshues i valëve elektrike dhe elektromagnetike. Sot teknologjia jonë nuk na lejon të nxjerrim informacion nga këto dukuri në një sistem kaq kompleks sa trupi i njeriut dhe metodat tona të analizës nuk janë aq të rafinuara sa të mund të veçojmë një emetim që vjen nga një molekulë e caktuar dhe ta shkëputim atë nga "zhurma e sfondit". ". Por me kalimin e kohës...
Mos harroni se Hertz zbuloi valët që mbajnë emrin e tij vetëm në vitet 1920; rezonanca magnetike bërthamore është e njohur vetëm që nga viti 1946, kështu që ku do të jemi pas pesëdhjetë vjetësh, pas njëqind vjetësh, pas njëmijë vjetësh... të mos harrojmë se Elohimët kanë një avantazh teknologjik prej njëzet e pesë mijë vjetësh në krahasim me ne. Parimi i pagëzimit dhe i transmetimit të planit qelizor është i kuptueshëm për ne sot, dhe kjo ceremoni mund të shpjegohet shkencërisht. Çdo individ ka një plan unik kromozomik ose qelizor. Kjo strukturë vibron dhe ka një spektër emetimi elektromagnetik. Një udhëzues i iniciuar "i regjistruar" mund të shërbejë si ndërmjetës midis Raelian-it të ri dhe pajisjes hapësinore të ndërlidhjes përgjegjëse për mbikëqyrjen e burrave. Udhëzuesi lag duart për të vendosur kontakt të mirë elektrik, në mënyrë që transmetimi të kryhet në mënyrë të përsosur. Pagëzimi Raelian i tregon Elohimit se Raeliani i ri është bërë i vetëdijshëm për mesazhet dhe i përmbahet plotësisht atyre. Është një ceremoni "njohjeje".

Përshtypjet e një "prifti"

Nga Victor Le Gendre,
Udhëzues rajonal për Quebec Lindor, ish-prift katolik romak.

Kur u bëra i vetëdijshëm për mesazhet e transmetuara nga jashtëtokësorët te Claude Vorilhon "Rael", po udhëtoja në Evropë si turist. Duke filluar nga 10 qershori 1976, kisha kaluar tashmë Francën, Italinë dhe Zvicrën, kur arrita të më kapte në dorë mesazhin e parë "Libri që thotë të vërtetën", më 30 qershor dhe pak ditë më vonë, 2 korrik, në mesazhin e dytë, "Jashtëtokësorët më çuan në planetin e tyre". Së pari në Gjenevë, pastaj në Clermont-Ferrand.

Do të ishte e vështirë t'ju shpjegoja me fjalë se çfarë ndjenjash ndjeva duke lexuar këto dy mesazhe: habi e përzier me admirim dhe frikë, tronditje dhe gëzim! Por të thuash këtë është një nënvlerësim. Isha sikur të më përcillte gëzimi, në një gjendje mirëqenie dhe euforie të patregueshme, në një paqe të thellë, me një vështrim të ri... Jo! një vështrim plotësisht i rinovuar në gjithçka. Nëse fjala inat nuk do të kishte këtë konotacion poshtërues, do ta përdorja për të shprehur këto ndjenja të ndryshme që përjetova intensivisht.

Vetëm dy ditë para nisjes për në Evropë, kisha vizituar një nga miqtë e mi muzikant, i cili më kishte kërkuar t'i merrja një libër, "Libri që tregon të vërtetën", i cili nuk mund të gjendej nëpër librari, nëse nuk e dija emrin. shtëpia botuese (e dyta ishte krejtësisht e panjohur në atë kohë). Ai më kishte detyruar të dëgjoj regjistrimin e një interviste të bërë në Evropë me një gazetar të Radio Canada International e cila u transmetua disa herë në valët e Radio Canada gjatë sezonit 1975/76. Unë isha vetëm paksa i njohur me këtë mesazh. Për të kënaqur mikun tim, i premtova se do t'i merrja librin.

Përpara se pritshmëria e tij të plotësohej në 10 korrikun e ardhshëm, ditën e kthimit tim, ishte e imja që u kënaq kundër çdo shprese! Sikur të kisha zbuluar një perlë të çmuar pa e kërkuar më parë, pasi nuk e njihja! Dua të flas për përmbajtjen e këtij mesazhi. Vetëm pas kthimit fillova të përpiqesha të kuptoja në mënyrë inteligjente përmbajtjen e saj, nëse mund të them kështu, disi rastësisht midis leximeve të mia të ndryshme: para së gjithash në shkrimet e shenjta biblike që kisha studiuar gjatë studimeve teologjike dhe katektike; në Kabala në veçanti, të cilën nuk e njihja fare, përveç hebraishtes së vogël që kisha mësuar falë teologjisë; në historinë e feve dhe në veçanti në atë të krishterimit; më në fund, në fushën shkencore. Unë kam krijuar një mendim, mendimin tim shumë personal për këtë.

Por çfarë më goditi më shumë nga këto mesazhe, çfarë më bëri vërtet përshtypje? Unë rendis, pa shumë komente, pikat kryesore, duke u përpjekur të përshkruaj një përmbledhje të përshtypjeve të mia që meritojnë të përshkruhen më në detaje:

— Në Biblën origjinale, të shkruar në hebraisht, flitet për Elohim, që fjalë për fjalë do të thotë "ata që erdhën nga parajsa", një fjalë e përkthyer padrejtësisht në Biblat aktuale me fjalën Zot; prandaj jo nga Zoti apo nga një qenie e mbinatyrshme, jomateriale, e gjithëfuqishme, por më tepër e Elohim që janë vazhdimisht të pranishëm në Bibël dhe që ndër të tjera krijoi jetën në laborator, duke përfshirë njerëzimin tonë, duke u nisur nga produktet kimike inerte të lidhura me ADN-në.

- Prania e vazhdueshme e Elohimëve ose jashtëtokësorëve në epoka të ndryshme dhe në qytetërime të ndryshme: jemi larg këtij konceptimi të kufizuar që thotë se "nuk duhet ta përziejmë Biblën me jashtëtokësorët".

- Nuk ka shpirt që ngrihet butësisht pas vdekjes, por plani qelizor që është baza e çdo qenieje të gjallë.

- Titulli i mesazhit të parë që shpallet te Ezekieli, II, 9-10, në Apokalips, V, 1; në Daniel, Shumë do të kërkojnë aty-këtu dhe njohuritë do të shtohen."

- Nocioni i pafundësisë – pafundësisht i madh dhe pafundësisht i vogël – dhe hapja e mendjes sonë drejt pafundësisë: këtu qëndron e vërteta;

- Evolucioni për shkak të rastësisë, sipas një vazhdimësie të rastësishme, është një mit; evolucioni, përkundrazi, qëndron para së gjithash në mendjet e krijuesve.

- Askush nuk mund t'i përkasë tjetrit; ne nuk jemi pronë e askujt; pra pasojat në marrëdhëniet e punës, në martesë, në marrëdhëniet njerëzore në përgjithësi.

- Afirmimi dhe zhvillimi i objektivit të vërtetë njerëzor që secili është thirrur të ndjekë në jetën e tij: të mendojë, të krijojë, të lulëzojë.

- Si ta duash veten të duash vërtet të tjerët.

- Zgjidhjet e propozuara për zgjidhjen e problemeve të mëdha që pushtojnë Njerëzimin: ndër të tjera, demokracia selektive ose gjenokracia që do të zbatonte humanitarizmin: gjeniu është lënda e parë më e çmuar për njerëzimin; procesi që duhet ndjekur për të patur një qeveri gjeniosokratike botërore: prodhimi i robotëve që eliminojnë punën manuale; futja e një monedhe të vetme botërore, në pritje të shtypjes së saj; imponimi i një gjuhe të dytë të vetme, duke i lejuar çdo rajoni të ruajë gjuhën e tij amtare; heqja e shërbimit ushtarak dhe vënia e ushtarëve në shërbim të paqes: ne nuk mund të vazhdojmë të kërkojmë "paqe" dhe "siguri" në të njëjtën kohë siç na ftoi Pali i Tarsusit (I, Thesalonikasve 5, 2).

- Takimi i përsosur mes fesë dhe shkencës. Të dyja janë të ndërthurura

— në mënyrë të përkryer në epokën tonë, epokën e Apokalipsit ose të Zbulesës: të gjitha shkrimet fetare, veçanërisht Bibla, parashikojnë këtë epokë në të cilën gjendemi dhe ardhjen e profetëve të fundit përpara se "uji të derdhet", d.m.th. para ardhjes zyrtare të krijuesve tanë për t'ia dorëzuar Njerëzimit trashëgiminë e tyre shkencore; të gjitha shkrimet fetare, veçanërisht Bibla, shpallin se profetët do të kthehen në fund të kohës, në fund të botës së Kishës - rreth dyzet - në shoqërinë e Krijuesve tanë, Elohim.

- Kur mbylla librat që përmbajnë dy mesazhet pasi i lexova, ndjeva edhe në vetvete dhe në mënyrë shumë të fortë këtë hipokrizi të të krishterëve (ndër të tjerëve) që luten vetëm me buzë, ndërsa porosia e dashurisë për të afërmin është vazhdimisht. kaloi në heshtje; E perceptova qartë dominimin tokësor dhe shpirtëror të ushtruar nga Kisha falë parave dhe pasurive që ka grumbulluar, një sundim i mbajtur dhe i inkurajuar nga fuqitë politike që shohin vetëm avantazhe në të; E kam dëgjuar këtë mistifikim që nuk bën gjë tjetër veçse i vë në gjumë njerëzit: ne jemi larg vigjilencës së rekomanduar nga Jezusi për të interpretuar mirë shenjat e kohërave dhe për t'i njohur ato kur paraqiten; por është kulti i traditës dhe i zakoneve shekullore që i kanë verbuar njerëzit. Më kujtohen këto fjalë nga libri i Eklisiastiut, 7, 10: "Mos pyesni veten "si është e mundur që koha e kaluar është më e mirë se koha e tanishme", sepse kjo pyetje nuk vjen nga mençuria". E ndjeva këtë ndjenjë faji të ndërgjegjes të theksuar nga ideja se njeriu është mëkatar, se ai është i papërsosur!... shpjegohet me refuzimin e inteligjencës: njeriu duhet të besojë pa kuptuar!... mbështetur nga ideja se kënaqësia seksuale dhe edhe kënaqësitë sensuale janë për t'u përbuzur!
Unë bëra lidhjen mes shenjave të kohës, të shpallura në shkrimet fetare, dhe epokës sonë që i sheh ato të realizohen. Kjo epokë, e jona, është epoka e Apokalipsit ose e Zbulesës, epoka në të cilën gjithçka mund të kuptohet. Tani shenjat e kohës zbulojnë misterin origjinal në dritën e përparimeve shkencore. Kushdo që kërkon, veçanërisht në Bibël, dhe krahason parashikimet e Biblës me arritjet e epokës sonë shkencore, vetëm po zbulon, sheh dhe kupton se çfarë është "themeli i tokës" dhe "ajo që është mbajtur e fshehur që nga themelimi i Botës". Më lejoni të numëroj disa nga shenjat që kanë ndodhur: njeriu do të jetë i barabartë me Elohim (krijimin e jetës); të shurdhërit dëgjojnë, të verbërit shohin, të sëmurët rifitojnë përdorimin e gjymtyrëve të tyre (proteza elektronike); njeriu e sjell zërin e tij në katër anët e tokës (epoka e telekomunikacionit dhe radios); shërimi i njerëzve të helmuar (antidot kundër helmit, serumet, antiofidikët); shërimi i të sëmurëve nëpërmjet vendosjes së duarve (zhvillimi i kirurgjisë); heqja e vdekshmërisë foshnjore dhe zgjatja e jetës; Njerëzit e Davidit e gjejnë përsëri vendin e tyre (krijimi i shtetit të Izraelit); shenja të shumta në qiell (UFO); mijëra profetë të rremë që e bëjnë njeriun të bjerë përsëri në fanatizëm, obskurantizëm dhe misticizëm (sekte dhe fe), etj. Edhe nëse Kisha Katolike nuk më konsideron më si "prift", duke u bashkuar me Lëvizjen Ndërkombëtare Raeliane, unë mbetem prift: jam i investuar me një mision fantastik, atë të përhapjes së mesazheve në numrin më të madh të njerëzve; Unë jam dhe mbetem një "prift", pasi nga ana tjetër, si Raeli, jam një lajmëtar i atyre në të cilët kam besuar gjithmonë (Elohim). Më në fund e kuptoj natyrën e vërtetë të punës së tyre, kur krijuan qeniet njerëzore dhe kur dërguan Jezusin. Unë jam dhe mbetem "prift", qëndroj vigjilent, domethënë pasi hap mendjen time jam bërë "hapëse e mendjet", dhe jo më një gjumë i pavetëdijes; Unë jam dhe mbetem "prift", pra udhërrëfyes për Njerëzimin në rrugën e paqes dhe të dashurisë universale.

Po, unë jam Raelian!

Nga Marcel Terrusse,

Inxhinier Kimik, Guide Raelian

Po, unë jam Raeliani, një dishepull i fesë së pafundësisë së kohës dhe hapësirës, një bir i tokës që ka rizbuluar gjurmët e etërve tanë yjor dhe që përpiqet të ndërgjegjësojë pjesën tjetër të njerëzimit për këtë histori përrallore që është e jona. Fatkeqësisht besoj se nuk bëhesh Raelian, kupton që je një... një ditë has mesazhet dhe gjen brenda tyre një jehonë të mendimeve tona, të shqetësimeve tona. Një ditë apo një tjetër, të kapërcyer nga marramendja përballë humnerës së padepërtueshme të kohës dhe hapësirës, të gjithë jemi përpjekur të shpërndajmë misterin e origjinës sonë dhe pasigurinë e së ardhmes sonë. Mesazhet iu përgjigjën këtyre shqetësimeve për mua. Sigurisht, për dikë si unë që ka marrë trajnim teknik dhe shkencor, disa pasazhe të mesazheve mund të mos duken shumë "ortodokse" ose në përputhje me mësimdhënien tradicionale. Por le të zbatojmë këshillat e Montaigne-it dhe "le të kalojmë çdo gjë dhe të mos mbajmë asgjë në mendjet tona thjesht me autoritet ose me kredi."

Nëse përpiqemi të shqyrtojmë të gjithë elementët e mesazheve përmes analizës kritike, shumë shpejt do të ndërgjegjësohemi se është një monument jashtëzakonisht solid. Gjithmonë kam pasur intuitën se kishte një lidhje midis gjithë atyre historive pak a shumë përrallore që na vijnë nga kohërat e lashta dhe se në secilën prej tyre kishte ndonjë copëz ari të mbytur në një grumbull gënjeshtrash... Fillova të kërkoja fillin e Ariadne-s dhe pata konfirmimin se kontaktet me Elohim-in kanë ekzistuar gjithmonë. Gjurmët e tij mund të gjenden në mitet dhe kujtimet e qytetërimeve të lashta:
- Mitologjia greke e cila na tregon për një seri të tërë perëndish, gjysmëperëndish dhe gjigantësh të epokave të para.
- Mahabarata, eposi mitik i Indisë, me dy pjesët e saj: Veda dhe Ramayana.
- Gilgameshi, epika sumero-babilonase.
- Kujiki në Japoni, i cili raporton se çfarë ndodhi në origjinë.
- Popol Vuh dhe Kronikat e Akakor, në Amerikën Latine.
- Dhe më afër nesh, libri i Enokut, Kabala, Bibla.
- Gjurmët fizike mund të vërehen në fushën e Nazca-s (gdhendje), në Baalbeck dhe, me siguri të madhe, në Tiahuanaco, në ishullin e Pashkëve dhe në shumë vende të tjera në mbarë botën.
Ne kemi në dispozicion të gjitha pjesët e enigmës për të rindërtuar historinë e origjinës sonë.
Natyrisht, gjatë leximit të mesazheve, u shtyva t'i bëja vetes pyetje në lidhje me kontradiktën e dukshme që mund të ekzistonte midis disa prej

fakteve të cituara dhe njohurive të marra. Në fakt, duket qartë se gjithçka që ne e konsiderojmë si pjesë e nocioneve të fituara shkencore, në fakt mbështetet në hipoteza të brishta dhe lehtësisht të kontestueshme. Konstatoj gjithashtu se ka kontradikta të pakapërcyeshme në mësimdhënien aktuale shkencore.

Nga ana ime, kam menduar gjithmonë se të gjitha dukuritë natyrore të afta për t'u kapur në univers janë koherente dhe se të gjitha varen nga njëra-tjetra në një mënyrë pak a shumë komplekse.

Zhvillimi i një mjeti matematikor gjithnjë e më abstrakt e ka orientuar fizikën drejt një rruge çuditërisht logjike, por jashtë realiteteve materiale.

Kështu shpalli Ajnshtajni postulatin se shpejtësia e dritës ishte kufiri i pakapërcyeshëm i çdo shpejtësie në univers, duke kryer gabimin monumental të vendosjes së parimit të vakumit uniform të hapësirës dhe ngjashmërisë me vetveten në çdo pikë të kozmosit, jashtë. të yjeve dhe planetëve.

Përtej reve që rrethojnë planetin tonë, dendësia i molekulave të gazta zvogëlohet në mënyrë progresive me lartësinë deri në arritjen e asaj që ne e quajmë vakum. Tani, "zbrazëtia" ndëryjore përshkohet nga valë të të gjitha llojeve: rrezet gama, rrezet x, rrezet infra të kuqe, valët e radios, etj. Çdo valëzim nënkupton ekzistencën e një qendre lëkundëse, hapësirat ndëryjore nuk janë të zbrazëta, siç sugjeron pamja, por janë të mbushura me një substancë të aftë për të lëkundur: një mjedis nënkuantik, i përbërë nga grimca pafundësisht të vogla në raport me madhësinë e atomeve që ne njohim.

Valëzimi nënkupton lëvizjen dhe energjinë e lëvizjes. Në një shekull në të cilin ekuivalenca e masës dhe energjisë konsiderohet e vërteta kryesore, nuk është logjike të mohohet ekzistenca e masës në hapësirat ndëryjore dhe ndërgalaktike. Hapësira është heterogjene dhe vetitë lokale të kësaj hapësire varen nga gradienti i energjisë në pikën e konsideruar. Toka dhe sistemi diellor janë të zhytur në një medium energjik difuz të përbërë nga grimca nënkuantike, presioni i të cilave është përgjegjës për atë që ne i quajmë forca tërheqëse.

Hapësira gravitacionale është e krahasueshme me një atmosferë të gaztë të ngjashme me atmosferën e ajrit.

Shpejtësia e përhapjes së valës ndryshon në funksion të densitetit lokal të energjisë, dhe jo të konstantës relativiste. Të gjitha distancat kozmike duhet të llogariten përsëri.

Të gjitha distancat në vite dritë të llogaritura me metoda tradicionale janë mbivlerësuar. Yjet që na rrethojnë janë shumë më afër sesa mendojmë. Për më tepër, zhvillimi i teorive që duan t'i nënshtrojnë përmasat e hapësirës kohës është i gabuar.

Faktori kohë i cili është parazitar në të gjitha formulimet fizike përfaqëson një element arbitrar. "Koha nuk ka ekzistencë në vetvete;

nocioni që kemi për të është subjektiv dhe rrjedh nga organizimi ynë biologjik dhe mendor. Ne e projektojmë atë në botën e jashtme dhe nxjerrim prej saj iluzionin e papërmbajtshëm të një kohe universale absolute".

"Koha shkencore është konvencionale, ajo mbështetet në matje fizike të afta të koordinohen në mënyra të ndryshme, në një farë kuptimi arbitrare." Konceptimi ynë për kozmosin shtrembërohet thelbësisht dhe bashkë me të edhe konceptet tona filozofike.

Konfirmimet e mesazheve i gjej kudo rreth meje. Mjafton të hapim sytë për të kuptuar se këtë histori përrallore që ishte ardhja e Elohim në Tokë dhe krijimi shkencor i jetës në laborator, ne vetë jemi në procesin e rinovimit të saj. Pa dyshim, trajnimi im si kimist më kishte bërë të njohur me marrëdhëniet ekzistuese midis elementeve kimike dhe strukturave biokimike që marrin pjesë në mekanizmat e jetës. Por për një mendje kureshtare, edhe një lexim i shpejtë i revistave shkencore na lejon të shohim objektivat drejt të cilave janë të orientuara kërkimet biokimike dhe mjekësore.

Bëhuni të vetëdijshëm se gjenet janë sintetizuar përmes montimit të nukleotideve; se segmente të molekulave të ADN-së janë implantuar brenda kromozomeve bakteriale; se transferimi i materialit gjenetik nga një organizëm në tjetrin po bëhet i njohur për ne...

Shqyrtoni drejtimin e punës së fituesve më të fundit të çmimit Nobel... Njohja e strukturave molekulare dhe mekanizmave që ato kontrollojnë çojnë në mundësinë e rigjenerimit të indeve dhe zëvendësimit të organeve, krijimit të llojeve të reja të kafshëve dhe, në afat të shkurtër, sintezës. të humanoidëve në imazhin tonë... dhe rrethi do të mbyllet...

Studimi i mekanizmit të kodimit të informacionit në molekulat e ARN-së do të na bëjë së pari të kuptojmë dhe më pas të përdorim substancat e kujtesës që përmban truri ynë... Substancat që mund të transferohen nga një individ në tjetrin. Bëhuni të vetëdijshëm se revolucioni biologjik është duke u zhvilluar dhe se pasojat e tij do të rezultojnë në ndryshime thelbësore në strukturat tona shoqërore dhe politike...

Zgjohu, ky nuk është fantashkencë. Të jesh Raelian nuk do të thotë të mbyllesh në një grup "që mendon veten" i bindur se ai është mbajtësi i së vërtetës, duke u ndjerë superior në çfarë fushe kush e di; Lëvizja Raeliane, nga ana tjetër, është krejt e kundërta e një sekti.

Rruga jonë ka një synim ambicioz, por përparon me përulësi, të vetëdijshëm se Njerëzimi ndëshkohet nga agresioni, krenaria, kotësia dhe egoizmi. Më pëlqen filozofia e ekzistencës e zhvilluar nga Lëvizja, pasi ajo kërkon lulëzimin e plotë të individëve. Na mëson të dëgjojmë atë që kemi thellë brenda vetes dhe të zbulojmë më të mirën nga vetja.

Jeta është kudo në univers, por jeta jonë është unike dhe është e rëndësishme të bëjmë mirë në jetë: "Jeta është një e mirë e humbur kur nuk është jetuar ashtu siç do të donim" (Eminescu)...

Unë gjeta një rrugë për të lulëzuar në thellimin e mesazheve, një kuptim më të mirë të të tjerëve dhe të vetes, dhe këto mesazhe më lejuan të bëhem edhe më i vetëdijshëm për shkallën tonë të solidaritetit.

Filozofia e Lëvizjes është një filozofi e dashurisë për jetën dhe krijuesit e saj, një filozofi tolerante dhe paqësore, e cila tenton të heqë fajin nga sensualiteti dhe të fshijë të gjitha tabutë dhe ndalesat që lidhen me seksualitetin.

Për mua, anëtarësimi në Lëvizje nuk është një proces rekrutimi ndaj të cilit gjithmonë kam pasur mosbesim të madh, por një akt vullnetar që më pasuron dhe më jep kënaqësi. Kjo falë lulëzimit të personit tim dhe gëzimit të përhapjes së mesazheve rreth meje.

Unë besoj se nuk duhet të bëjmë gabimin - që ndodhi me Jezusin - duke i dhënë më shumë rëndësi të dërguarit sesa mesazheve. Fakti thelbësor është vetëdija se jashtëtokësorët kanë luajtur gjithmonë një rol në historinë tonë dhe sot është radha jonë të rinovojmë kontaktin me ta.

Historia e kaluar e njerëzimit na tregon se, në çdo fazë të evolucionit të tij, ka pasur nevojë të vihet në dyshim, ndonjëherë me disa thyerje, konceptet tona shkencore, sociale, filozofike dhe fetare. Fatkeqësisht, "një e vërtetë e re shkencore zakonisht nuk imponohet duke bindur kundërshtarët e saj; Triumfi i tij rrjedh nga zhdukja progresive e këtyre kundërshtarëve dhe shfaqja e një brezi të ri për të cilin kjo e vërtetë ka qenë gjithmonë e njohur". (M. Planck)

Unë besoj se duhet t'i mësojmë njerëzit të marrin përgjegjësi dhe të heqin qafe patericat që janë besime dhe fe; ne përpiqemi të shpërndajmë obskurantizmin duke ngritur nivelin e ndërgjegjes. Sepse, nëse gjatë shekujve fetë u kanë kërkuar besimtarëve të tyre (dhe ndonjëherë të detyruara) të "besojnë" në misteret dhe fabulat më delirante, sot historia jonë na duket e kuptueshme. Prandaj na takon ne të hapim sytë dhe të hapim mendjet për të përgatitur të ardhmen tonë.

Frytet e para të së ardhmes sonë përmbahen në të tashmen. Njerëzimi është sot në prag të lindjes, ose ndoshta vdekjes, dhe ata që nuk e kanë kuptuar kuptimin e fjalës "apokalips" mund të kenë të drejtë.

Ne, Raelianët, marrim pjesë në zgjimin e Njerëzimit dhe zhvillimin e një ndërgjegjeje kozmike. Ky është kuptimi i angazhimit tim ndaj kësaj pune ambicioze që konsiston në përgatitjen e Njerëzimit për të mirëpritur krijuesit e tij, Elohim.

Shenjtërimi i priftërisë sime

Nga Yvan Giroux
Ish-prift katolik, ish-profesor i katekezës, udhërrëfyes raelian në Quebec.

Do të doja të bëja të ditur se, që në moshën dymbëdhjetëvjeçare, kam qenë shumë i interesuar për gjithçka që kishte të bënte me Zotin dhe njeriun, për mendimin tim për dy qenie të ngjashme: të përbëra nga pafundësia dhe që përbëjnë të pafundmën.
Prandaj u interesova për "Zotin" dhe marrëdhënien time me të shumë herët. Dhe kjo më çoi shpejt në soditje, në misticizëm, sikur të doja të shpëtoja nga bota tokësore dhe të arrija botën qiellore.
Kështu që lexova, pyeta, kërkova, meditova. Për t'u thelluar, u futa në një rrugë të përshkuar nga studime të gjata, duke filluar nga studimet humaniste, filozofike dhe teologjike, për të arritur më në fund në "fetar", sepse kisha besim (e kam gjithmonë besim) te njeriu dhe inteligjenca e tij.
Duke qenë se jam një qenie gjithëpërfshirëse, kërkova një familje në të cilën do të mund t'ia kushtoja plotësisht jetën time këtij Zoti, të cilit i bëja vazhdimisht pyetje, që kërkoja dhe që materializoja në meditim dhe meditim. Ky zot me të cilin kisha një miqësi të ngushtë. Por këtë sekret e mbajta brenda vetes që të mos ma merreshin për çmenduri.
Gjeta një bashkësi fetare baballarësh për të cilën punova rreth gjashtë vjet, si student dhe pastor (seminar). Në këtë komunitet kalova momente të mrekullueshme zbulimi, stërvitjeje, por menjëherë u ndërgjegjësova se kishte diçka sipërfaqësore për mua. Kjo nuk iu përgjigj aspak aspiratave të mia më të thella.
Më pëlqeu shumë lutja (në fund të fundit e dua gjithmonë lutjen, domethënë kontakt me Krijuesit e mi dhe me Burimin e pafund). Për disa isha mistik, por tashmë e imagjinoja Atin e Jezusit si një qenie materiale të ngjashme me të, me ne dhe ndjeva se Jezusi po thoshte të vërtetën kur tha: "Ati im që është lart". E pashë të vërtetën ndërsa iu luta këtij Krijuesi që e dija se nuk ishte një entitet i vetëm, por entitete të shumta. Për më tepër, e dija, e kuptova tashmë - për shkak se e kisha studiuar çështjen në thellësi në ekzegjezën biblike - se Jezusi nuk ishte në asnjë mënyrë Zot dhe isha i interesuar me shumë pasion për këtë degë që quhet "Teologët e vdekjes së Zoti" ose "Teologjia e vdekjes së Zotit". Unë isha ateist në disa mënyra, por zbulimi i së vërtetës kishte qenë diçka e tmerrshme për mua. Edhe këtu kisha gjetur në këto shkolla të mendimit teologjik një mistifikim në një formë tjetër.
Dhe prandaj nuk gjeta përgjigje plotësisht të kënaqshme për pyetjet e mia, për pyetjet e mia në lidhje me njeriun dhe besimin, njeriun dhe angazhimin e tij fetar e shoqëror, në këtë kishë që e gjeta jashtë faze dhe madje të rreme.

Megjithatë, unë punova brenda kësaj "Kishe", të njohur si Kisha e Krishtit, në lëvizjet e shumta që ajo mirëpret dhe u specializova në shkencat fetare (apo religjiologjinë) për të shkuar edhe më thellë.
Studimet e mia më shtynë të punoja për mjedisin tim nga brenda, ta vë në dyshim atë, sikur të doja ta shkundja. Ndihesha ende shumë i keqkuptuar. Këto studime, të cilat i bëra për tre vjet të tjera, më çuan në fund të fundit drejt zbrazëtisë, drejt një farë trishtimi. Sepse nuk toleroja më aq misticizëm, aq shumë verbëri.
Më pëlqeu shumë të studioja, por kurrë nuk mund të ndihesha plotësisht i fortë. Këto arsyetime të gjata i gjeta për të justifikuar disa struktura baritore e kishtare, mistike e obskurantiste, të rreme e flagrante të pavend, të papërshtatshme, "jashtë faze", të cilat i refuzova në mënyrë gjithnjë e më vendimtare. Më pas më akuzuan për kritika të tepruara ose sipërfaqësore nga ata që nuk ndanin mendimet e mia dhe që ishin gjithmonë të kënaqur, dhe që fatkeqësisht ende janë të kënaqur, me ide banale në besimin dhe fenë e tyre.
Pikërisht atëherë u shkëputa për rreth një vit dhe kërkova brenda vetes,
gjatë kësaj periudhe kohore, e vërteta. Vazhdova të jepja mësim, por nuk përfshihesha më në asnjë lëvizje. E pyeta Jezusin, e thirra dhe parashikova dritën.
Më 9 nëntor 1976, mora pjesë në një leksion të mbajtur në auditoriumin Plateau në Montreal, nga Claude Vorilhon "Rael". Aty, atë mbrëmje, pashë dhe ndjeva se vitet e studimeve nuk kishin qenë të kota; Kuptova shumë gjëra, dhe ndër të tjera, se kam qenë gjithmonë thellësisht "ateist", por edhe thellësisht fetar, domethënë i vëmendshëm ndaj çështjes, i dashuruar me qenien njerëzore, në komunikim ose kontakt të vazhdueshëm nëpërmjet lutjes, të cilën e kam. Po çmitizoja dita-ditës, me këtë grup jashtëtokësorë, krijuesit tanë, Elohim. E kuptova me atë rast si një "blic". Prandaj isha i lumtur, njoha në Rael një "Jezusin e kohëve tona". Sikur të më kishte klikuar diçka, isha i sigurt për këtë, u binda, Raeli më ndriçoi, më zgjoi, më ndriçoi, u bë i mirë me mua; brenda nëntëdhjetë minutash, gjithçka tek unë u bashkua, gjithçka mori formë, gjithçka u lidh, gjithçka u riharmonizua dhe kjo nuk ka ndalur kurrë që atëherë. Isha në ekstazë, euforike. Dhe kjo shkëlqeu qartë në personin tim. Në fund të fundit, unë dëgjova nga goja e tij, në një mënyrë kaq të thjeshtë dhe të vërtetë, me aq prova dhe qartësi, atë që kisha kuptuar me mundim vetëm pas shumë vitesh studime dhe kërkimesh. Më ndodhi një lloj lëshimi i papritur.
Isha me disa miq. Në to, dhe koha është dëshmitarja ime, nuk kishte shkaktuar asgjë të ngjashme me atë që ndodhi në rastin tim. Megjithatë, atë mbrëmje dhe më pas, ata panë dhe ndjenë se si këto mesazhe kishin shkaktuar diçka tek unë. Por ata nuk donin ta pranonin. Isha i heshtur, i lumtur, rrezatues. I ndjeva që ata përpiqeshin të refuzonin, ta çmontonin me arsyetim të ngatërruar e mistik – siç e kisha dëgjuar gjithmonë për më shumë se dhjetë vjet – një të vërtetë aq të bukur, të

thjeshtë, çlirimtare, "mesianike" sa ajo që ende gumëzhinte në veshët e mi. Një lajm i mirë në të gjithë plotësinë, tërësinë, qartësinë e tij. Ata hodhën poshtë Raelin dhe këto mesazhe nga Elohim në të njëjtën mënyrë që njerëzit ishin përpjekur të refuzonin Jezusin dhe mesazhin e tij.

Ato pak minuta me Raelin më çuan në një sintezë prej dymbëdhjetë vitesh e më shumë të kërkimit, të analizës, të përkushtimit, të vuajtjes, të dhënies së vetes. Tani unë mund ta përkushtoj plotësisht personin tim në përhapjen e një lajmi kaq të madh, të një çlirimi kaq të madh, dhe këtë nëpërmjet inteligjencës, mirëkuptimit, harmonisë dhe ekuilibrit të të gjithë qenies sime të tronditur dhe të vënë në lëvizje. Sigurisht që nuk ishte e lehtë të menaxhoja marrëdhëniet me familjen time, gruan, miqtë e mi, mjedisin tim profesional, kishën, miqtë e mi priftërinj. Por në këto momente të vështira më ndihmuan shumë miq të zgjuar, si dhe seminare trajnimi dhe zgjimi të trupit dhe mendjes.

Unë i shoh gjithë këto vite si një laborator dhe një përgatitje të drejtpërdrejtë për atë që përjetoj në të tashmen dhe për atë që bëj si një udhërrëfyes dhe njeri i mençur brenda kësaj lëvizjeje madhështore, në këtë fe "të çuditshme", por të re dhe të re ateiste.

Nga ana ime, nuk e ndjej se ka pasur pushim, pasi vazhdoj atë që kisha ndërmarrë si fëmijë: të kuptojë fillimin, origjinën, Zanafillën, të ecësh në dritë dhe të ndërtosh një dhuratë që është gjithmonë. për t'u çmitizuar dhe pastruar nga afërsisht dy mijë vjet kore kulturore, duke u thelluar në aspektet e shumta "teologjike", filozofike, fetare të këtyre dy mesazheve të transmetuara te Rael nga krijuesit tanë Elohim për një të ardhme që do të ndihet dhe jetohet brenda dhe në prezente.

Këto mesazhe më tronditën atë mbrëmje. I kisha ndjerë brenda vetes tash e disa vite, sikur pa vetëdije dhe çdo ditë e më urgjente. Unë e perceptova dhe e ndjeva si një "përputhje" të së kaluarës sime në kërkime dhe të tashmes sime në zbulim. Këto mesazhe, që atëherë, më kanë gdhendur, skalitur në aspektet më të fshehura të jetës sime, nga profesioni, nga puna si edukatore deri te jeta ime familjare, shoqërore dhe politike. Më tronditën themelet, por isha i përgatitur dhe gati prej kohësh. E prita ardhjen e këtij Profeti të Elohim, madje ua mësova atë të tjerëve.

Por unë nuk dija shumë për të. Pastaj, papritmas, gjithçka u bë e qartë dhe e ndritshme për mua: këto mesazhe më zgjuan dhe u shfaqën para syve të mi. Papritur kuptova Biblën, Jezusin, Zotin.

Sa i lumtur isha me këtë përmbysje! U drodha nga gëzimi, nga dridhjet. Ishte si një dush i mirë i ftohtë kur temperatura është e nxehtë dhe shqetësuese.

Herën e parë që e takova disa ditë pas konferencës dhe pasi i lexova dhe rilexova këto mesazhe me një hap gjatë një fundjave, Claude Rael më tha: "Brenda teje ke gjithçka që të duhet për t'iu përgjigjur ose për t'i dhënë një zgjidhje problemeve tuaja. . Pasi ta bëni këtë, do të jeni 80% më efektiv. Problemet tuaja familjare ju shtypin, ju bllokojnë, ju paralizojnë".

Tani e di se çfarë donte të thoshte dhe sa i lumtur jam që jam përkushtuar në mënyrë aktive në këtë rrugë zgjimi dhe vetëdijeje. Që atëherë i kam lexuar mesazhet disa herë. Për mua në atë kohë, të bëhesha udhërrëfyes u bë "konfirmimi" ose "kushtrimi" i priftërisë së vërtetë që kisha kërkuar gjithmonë. E kuptova që nuk kisha pritur më kot, por përkundrazi po i jepja vazhdimësi Kishës së vërtetë, asaj të origjinës, Uhr Kirche (Kisha e Orës) në zhargonin teologjik, pasi do të ndiqja të fundit të Profetëve. në epokën e Apokalipsit dhe do të kisha punuar më thellë, përmes përhapjes së mesazheve të krijuesit Elohim, mbi këtë unitet për të cilin kisha kushtuar dhe kushtuar jetën time, përpjekjet e mia, kohën time. Këto mesazhe, në fakt, shpallin fenë e feve, fenë e pafundësisë, fenë e inteligjencës njerëzore dhe përjetësinë e materies.

Këtu është fundi dhe fillimi im. Jam e lumtur dhe dua. Që atëherë, si "rastësisht", më hoqën nga mësimi i fesë si specialist. Mësoj matematikën dhe frëngjishten si lëndë të shkollës fillore, fenë dhe shkencat morale si lëndë të mesme. Në mjedisin tim profesional nuk flas hapur për mesazhet, por njerëzit i shohin dhe i njohin këto mesazhe tek unë. Kështu që ata më respektojnë. Koha kur vëllezërit e mi do të më flasin për këto mesazhe po afrohet gjithnjë e më shumë. Une ndiej. Jam i sigurt. Kudo që kaloj rrezatoj dhe i përhap këto mesazhe me prezencën dhe fjalën time.

Unë kam bërë një akt "apostazie" ndaj Kishës Katolike Romake, por mbetem i bindur se nuk ka këputje, por vazhdimësi të pastër me të Vërtetën. Kjo më rinon dhe më mbush.
Përkushtohem tërësisht për t'u bërë të njohur të gjithë njerëzve me vullnet të mirë këtë të vërtetë të çmitizuar, këtë mesazh dashurie, vëllazërie, paqeje, qetësie, këtë mesazh unik, tronditës, revolucionar për ata që e eksplorojnë pa pushim dhe e kuptojnë me sytë e tij. inteligjencën me të cilën na kanë pajisur krijuesit tanë, Elohim, sytë e urtësisë së krijuar dhe të pafund.

Jini aktiv në mënyrë që të mos bëheni radioaktiv

Nga Michel Beluet
Udhëzues kombëtar në Shtetet e Bashkuara dhe përgjegjës për vendet anglishtfolëse.

Kjo është dëshmia ime. Në të shtjelloj arsyet e thella dhe themelore që më çuan në vendimin për t'u bërë lider brenda Lëvizjes Raeliane, pasi kam reflektuar gjerësisht mbi implikimet e anëtarësimit tim. Mesazhi i besuar nga Elohim Claude Vorilhon "Rael" nënkupton një rishqyrtim global dhe të veçantë në të gjitha nivelet, individuale, sociale, politike, shkencore, filozofike dhe fetare; dhe kjo lejon veprim total për të ndërtuar shoqërinë e së nesërmes. Por si arrita atje?
Për dymbëdhjetë vjet kam qenë duke hulumtuar në shumë fusha, kam qenë i përditësuar me atë që kishte ndodhur në të kaluarën dhe atë që po ndodhte në të tashmen dhe kisha arritur në një fazë reflektimi në lidhje me evolucionin e Njerëzimit. Dhe, si shumë të tjerë, unë vura në dyshim gjithçka duke zhvilluar një botë ideale. Çfarë kisha vënë re dhe cilat ishin shpresat e mia? Këtu ato shfaqen këtu.

Origjina e jetës
Teoria e krijimit hyjnor nuk më kënaqi, megjithatë vura re një konstante: në mbarë botën të gjitha fetë dhe mitologjitë flasin për të njëjtin krijim të njeriut nga një zot ose më shumë perëndi të ardhur nga qielli! Unë kisha konstatuar se ekzistonte në këtë zonë një e parë e vërtetë e prekshme dhe materiale që nënkuptonte mundësinë që njeriu të vinte nga një vend tjetër.
Teoria e evolucionit sipas së cilës njeriu është rezultat i një sërë mutacionesh që nisin nga inorganike për të arritur në organike, më dukej plot të meta në aftësinë për të bërë një teori të vlefshme. Dhe sot në fakt kjo teori po vihet në dyshim nga specialistë të shquar.

Burri
Vura re se njeriut, në marrëdhëniet e tij me të tjerët, i kishte munguar gjithmonë toleranca, respekti, dashuria dhe vëllazëria... Prandaj shpresoja që herët a vonë, këto elemente të munguara të mbizotëronin në kuadrin e marrëdhënieve njerëzore.

Shoqeria
Me kalimin e kohës, seria e dështimeve të llojeve të ndryshme të qeverisjes në zgjidhjen e problemeve themelore të njerëzimit më shtyu të mendoj për një sistem që do të na lejonte të vendosnim qeniet njerëzore më të përshtatshme mes nesh në vendet që kanë rëndësi, të shqetësuar me ndryshimin e rrymës.

Kjo nënkupton se ata nuk do të viheshin në mëshirën e kompleksit politiko-ushtarako-industrial i cili ka lejuar në emër të vlerave si atdheu, puna dhe familja, nënshtrimi i njeriut ndaj një njeriu tjetër dhe një numër i pallogaritshëm luftërat në një përshkallëzim gjithnjë e më vdekjeprurës të mjeteve të shkatërrimit. Prandaj isha i vetëdijshëm se si njerëzimi kishte arritur një epokë vendimtare në evolucionin e tij, në të cilën e ardhmja e njeriut vihej në rrezik.

Fetë
Ndjeva se në bazën e të gjitha feve ekzistonte një e vërtetë themelore dhe e arritshme, por gjithashtu se sistemet primitive dhe obskurantiste e kishin përdorur këtë të vërtetë për të skllavëruar njeriun në një absolut që ishte kufizues. Unë gjithashtu besoja se kjo e vërtetë, e shpallur njerëzve nëpërmjet profetëve, vinte nga një vend tjetër dhe se vinte nga qenie me urtësi të madhe. Unë isha kundër këtij nocioni që e bënte njeriun fajtor për shkak të natyrës së tij trupore, kundër gjithçkaje që e nënçmonte njeriun duke dhënë justifikimin se ai do të ngrihej në një dimension tjetër vetëm pas vdekjes së tij. Isha i sigurt se njeriu mund të arrinte një gjendje më të lartë të vetëdijes në harmoni të plotë me natyrën e tij njerëzore.

Shkenca
Ky kuriozitet origjinal, të cilin njeriu e ka shndërruar në një studim sistematik të vetes dhe të mjedisit ku jeton, e ka lejuar të shtyjë kufijtë e së pashpjegueshmes. E dija se përdorimi i shkencës për të zgjidhur problemet me të cilat përballet qytetërimi ynë është i mundur nëse shkenca përdoret me mençuri. Ndotja, mbipopullimi, uria, energjia, gjithçka mund të zgjidhet me shkencën në harmoni me natyrën, këtu është një ideal që është imperativ për t'u arritur. Isha gjithashtu i vetëdijshëm për aspektin e përkohshëm të njohurive tona dhe për faktin se çdo teori është vetëm një përpjekje për të interpretuar fakte që janë të pamohueshme.

E panjohura
Unë isha i vetëdijshëm për gjithçka që ishte e pashpjegueshme në Tokë dhe që la të kuptohet për ndërhyrjen e inteligjencës jashtëtokësore gjatë historisë sonë. Dyshova se truri i njeriut ishte i pajisur me shumë aftësi të tjera nga ato që ne përdorim aktualisht. Dhe e gjithë kjo për mua është një gjë e natyrshme që një ditë do të mund ta shpjegojmë.
Prandaj isha i vetëdijshëm për gjendjen aktuale të gjërave dhe shpresat e mia për një botë më të mirë dhe për një evolucion të njerëzimit sipas kritereve më harmonike, jo të dhunshme dhe më vëllazërore nuk u materializuan në asnjë organizatë, fetare, politike apo shoqërore. Prandaj u ndjeva i pafuqishëm dhe i vetmuar.

Dhe ishte në vitin 1977 që mora vesh mesazhin që, në dhjetor 1973, jashtëtokësorët i kishin besuar Claude Vorilhon "Rael", një mesazh që përmbante "Libri që tregon të vërtetën" dhe në një vëllim të dytë të shkruar me këtë rast. e një kontakti të dytë në 1975, "Jotëtokësorët më çuan në planetin e tyre." U ndjeva e mbushur me gëzim kur lexova këto dy vëllime, të cilat përmblidhnin të gjitha shpresat e mia për arritjen e harmonisë, paqes dhe vëllazërisë që i ka munguar gjithmonë kësaj Toke. Kishte gjithashtu shpallje në lidhje me origjinën e qenieve njerëzore në Tokë dhe origjinën e të gjitha feve; U ndjeva vërtet plot kënaqësi.

Ky mesazh vjen nga burra si ne, të cilët edhe pse jetojnë në një planet tjetër, kanë pasur një evolucion të krahasueshëm me tonin. Mirëpo, ata arritën të çlirohen nga ai progresion - shkatërrim në të cilin ne kemi qenë të përfshirë për një kohë të gjatë. Prandaj ata na japin mjetet që ata vetë kanë përdorur për të dalë prej saj, ndërsa na lënë të lirë të veprojmë dhe na konsiderojnë si individë të aftë për të zgjedhur.

Doja t'u komunikoja të tjerëve shpresën time se njerëzimi mund të arrijë një Epokë të Artë në të cilën qeniet njerëzore lulëzojnë në një botë ideale. Kjo është arsyeja pse vendosa të jem një udhërrëfyes dhe jo më një dëshmitar pasiv i evolucionit të njerëzimit drejt shkatërrimit të mundshëm, por më tepër një njeri aktiv për të parandaluar që një ditë të bëhet radioaktiv.

Nga Marksizmi në Raelizëm ANËTARËSIMI

Jean Bernard Ndjoga-Awirondjogo,
I diplomuar për shkenca politike, ish-marksist, udhërrëfyes kontinental për Afrikën.

Nuk ishte e lehtë, për dikë që ishte mësuar të mendonte në terma të evolucionit, luftës klasore dhe klasore, të konceptonte dhe të pranonte se pas Traditës ekzistonte diçka fantastike, e mrekullueshme dhe qetësuese!

Por përmes mesazheve të Elohim-it, është e gjithë klima e absurditetit të dukshëm të shkrimeve biblike që merr papritur një kuptim fisnik, praktik dhe pafundësisht të gjerë për mua.

Duke ditur se njeriu nuk është fryt i rastësisë, por krijimi në shkencë dhe urtësi e Dikujt që e krijoi atë sipas shëmbëlltyrës dhe ngjashmërisë së Tij! Çfarë e vërtete sublime!

Dhe të mendosh se një ditë njeriu në tokë do të jetë i barabartë me Krijuesit e tij jashtëtokësorë! Tani kanë ardhur oraret e shpallura.

Raeli, drita e Elohim mes njerëzve, ka filluar misionin e tij.

Për ne udhërrëfyesit që donim ta mbështesim, mbetet vetëm të vazhdojmë ta ndihmojmë që të përhapë më tej mesazhet e Etërve tanë qiellorë!

Kështu që nga ana tjetër toka të arrijë koncertin e qytetërimeve ndërgalaktike që popullojnë Pafundësinë e Universit.....

Një Art i ri i të jetuarit

Nga Michel Deydier
Psikologe, guida Raelian.

Në univers ekziston një numër i pacaktuar, sepse i pafundëm, entitetesh psikosomatike-emocionale, pra personalitete me aktivitetet e tyre përkatëse biologjike, energjike dhe mendore. Marrëdhëniet shoqërore të këtyre entiteteve kërkojnë praninë e një aftësie shumë të rëndësishme përshtatjeje pa të cilën njeriu nuk mund të formonte asnjë grup shoqëror. Pasuria mendore e njeriut mbetet e kushtëzuar nga ky qëndrim që e bën njeriun kafshën e parë shoqërore dhe e lejon atë të vërë në dyshim në çdo moment gjithçka që përbën jetën e tij, gjithçka që kontribuon ose jo në lumturinë e tij.

Është duke përdorur të njëjtin aftësi që jam përpjekur të hap rrugën time drejt ndërgjegjes dhe përparimit personal. Njohja e njeriut është një çështje fleksibiliteti, ne duhet të rrëshqasim në skutat e ndërgjegjes, të evoluojmë në shtresat më të thella të nënndërgjegjes pa e shkatërruar faunën e saj; "në dreq" me zhgënjim, duhet ta kalojmë akoma, "Të frustroj, ti më frustron...", historia ka zgjatur gjithmonë dhe jemi gjithmonë në të njëjtën pikë.

Nëse doni të ngjiteni në kokën tuaj, së pari duhet të mësoni të zhvisni duart, ka kaq shumë gjëra që nuk doni t'i shihni, mirë! Shikoji ata në fytyrë, qesh me veten, shiko sa të dobët je ndonjëherë dhe sa më shumë të njohësh marrëzinë dhe kotësinë tënde, aq më shumë do të rritesh dhe aq më pak do të vuash, pasi do ta kesh pranuar veten përpara se të duash veten.

Po, pikërisht në këtë gjendje mendore njoha qëllimin e mesazheve; të njohura fillimisht, ato u përcollën më vonë nga një tretje e gjatë dhe e bezdisshme. Dhe kjo nuk ndodhi pa aciditet, rrëfej. Fillimisht nuk ishte një takim i thjeshtë, por një përplasje e vërtetë gjatë së cilës u lëshua një rrëmujë e madhe mendore pak a shumë e vetëdijshme, e cila e ktheu gjithçka në vendin e vet.

Meqenëse unë jam psikolog dhe për rrjedhojë një personazh, sipas definicionit, pak jashtë kutisë (por në fund të fundit shumë i organizuar nga brenda), u habita absolutisht kur vërejta se informacioni i komunikuar nga këta jashtëtokësorë jo vetëm gjeti vendin e tyre në mendjen time, por ata krijuan një sintezë të paprecedentë midis elementeve të përvojës sime dhe, akoma më mirë, ato i dhanë një dinamikë të pabesueshme energjisë krijuese që përdor për të ndihmuar pacientët e mi. Duke qenë se veprimet ngjallin reagime, u çova të verifikoja një nga një elementët kryesorë të mesazheve të jashtëtokësorëve dhe, sinqerisht, mora në konsideratë edhe një mori hipotezash për mesazhet e sipërpërmendura, disa të çuditshme, të tjera pak më pak. Unë e refuzoj besimin sepse operacionet mendore që lidhen me besimin nuk kanë të bëjnë fare me ato që çojnë në arsyetim logjik, edhe nëse janë rezultat i verifikimeve subjektive.

Unë nuk besoj te jashtëtokësorët, e kuptoj vërtet rolin e tyre, praninë e tyre në një mënyrë të vërtetë dhe të menduar, në njohuri të plotë të skenarit. Kështu, bazuar në përfundimet e mia, i ktheva me kokë poshtë linjat kryesore të stërvitjes si omleta, përpara dhe mbrapa, dhe për zhgënjimin tim të madh nuk kishte asgjë shumë as përpara, as prapa; Unë, që duhej të shëroja të këqijat e mendimit, sapo e kisha kuptuar gjendjen time qesharake dhe tmerrësisht të kufizuar; sot e di se mësimi i psikoterapisë mbështetet në themele judeo-kristiane të maskuara me zgjuarsi. Me sa duket, e parë nga ky kënd, e gjithë kjo nuk është as qetësuese dhe as e sinqertë. Po kush në fund të fundit nuk është mashtruar nga shoqëria? Për këtë, si dhe për të gjitha uzurpimet e tjera, ne duhet të reagojmë; Pra, këtu jam futur në një burg të bukur, një burg që, që nga kohërat e lashta, ka kultivuar të vërtetën, të bukurën, të shëndetshmen dhe ka ndërtuar përparimin çlirimtar.

Mesazhet e dhëna nga jashtëtokësori Claude Vorilhon përbëjnë, për mendimin tim, përgjigjen më inteligjente që di në lidhje me origjinën dhe fatin e njerëzve tanë tokësorë dhe, në të njëjtën kohë, një sqarim formal mbi anatominë e një arti të ri të të jetuarit.
Unë i bashkohem këtij momenti pa asnjë rezervë. Unë refuzoj ta përqendroj jetën time në një ideologji individuale egoiste. Pikërisht duke iu përgjigjur një instinkti të thellë unë kisha një prirje për atë që vura re; një instinkt i vjetër, disi i harruar që i jep njeriut forcën për të zbuluar veten. Çdo mashkull e ka atë. Secili prej nesh, në nivelin e tij, mund të marrë pjesë në rinovimin e jetës kolektive, duke përdorur aftësitë e përshtatjes dhe instinktet e mbijetesës.
Këtu janë dy gjëra që e bëjnë njeriun krijesën më të përshtatshme për të modifikuar mjedisin tokësor dhe kozmik dhe e autorizojnë atë të bëjë këtë zgjedhje vendimtare në të njëjtën kohë me pasionet e mëdha të historisë së tij. Shoqëria jonë nuk ka qenë kurrë kaq afër qëllimit dhe është e natyrshme të jemi kaq të tronditur prej tij. E kaluara është plot me fakte të tilla bindëse, dëshmi të padiskutueshme të vlerës evolucionare të vuajtjes; e tashmja tregon përfundimin logjik të rregullave të mëdha të evolucionit; e ardhmja na ofron një panoramë të jashtëzakonshme falë mundësive që ka për shkak të bashkimit të vlerave morale me kapitalin tekniko-shkencor. Këtu, të shprehura shkurt, janë arsyet që më shtynë të njoh në vijë të drejtë mesazhet e dhëna nga jashtëtokësorët. Jam i lumtur të jap dëshminë time për këtë çështje. Pa asnjë rezervë, unë ofroj mbështetje të fortë dhe të pjekur, dhe aspiratat e mia janë imazhi i pasqyruar i hapave që çuan në origjinën e jetës në planetin tonë.

Kanë, 22 maj 1979, 33 vjet pas Raelit.

Bibliografi

- Evolution ou Création, Jean Fiori dhe Henri Rasolofomasoandro, Edizioni S. D. T., 77190 Dammarie-les-Lys (Francë).
- Submission à l'autorité, S. Milgram, Paris, 1974.

Indeksi analitik

ambasada 1, 9, 10, 11, 26, 28, 30, 31, 81, 117
dashuria 20, 68, 77, 80, 97, 104, 118, 137, 138, 143, 150, 152
engjëlli 89, 90, 91, 92, 94, 100, 101
shpirti v, xiv, 19, 23, 25, 26, 29, 135
kafshët ix, xi, 6, 46, 47, 49, 58, 68, 90, 128, 129, 130, 131, 142
Testamenti i Vjetër 86
Zbulesa xii, 6, 59, 83, 84, 85, 86, 87, 88, 89, 90, 91, 92, 93, 94, 95, 96, 100, 101, 102, 104, 117, 122, 131, 136, 137, 138, 149
arka v, xi, 17, 18, 69, 130
artistë 40
atmosfera ix, 3, 4, 7, 59, 141
atom v, xiv, 16, 17, 24, 32, 33, 34, 37, 38, 47, 131, 132
vetëshkatërrim 26, 74, 94
fëmijët 8, 44, 45, 106, 110, 111, 128
pagëzimi 133
bisha 94
bomba atomike xi, 91
Buda xii, xiii, 28, 31, 104, 117
Kabala 135, 140
qymyr 127
zi buke 87
helmeta 85
kataklizmi vi, 19, 46, 68, 76, 82, 89, 105, 128
Katolik 29, 100, 102, 123, 138, 150
njëqind e dyzet e katër mijë 89
truri 20, 27, 40, 48, 53, 107, 143, 153
kisha 100, 102, 123, 146
kimia 39, 49, 50
kodi gjenetik v, xiii, 13, 14, 23, 25, 26, 45, 47, 51, 52, 68, 88, 89
koma 19, 20, 21
urdhërimet vi, 103, 123

kompjuteri xiii, 14, 15, 48, 49, 50, 51, 52, 53, 55, 56, 89, 126 komunikimi 50, 147
njohuritë xii, xiii, 6, 9, 11, 16, 38, 83, 89, 108, 133, 134, 136, 142, 154, 156, 157
kontakt telepatik 103
kontinentet 12, 13, 95, 116, 127, 129, 130
Kurani 104
vetëdija 21, 24, 25, 27, 34, 36, 38, 40, 41, 42, 45, 51, 52, 53, 54, 55, 57, 60, 97, 105, 111, 118, 139, 142, 143, 144, 145, 149, 153, 156
krijimi ix, x, xii, xiii, 7, 10, 13, 14, 24, 37, 56, 65, 66, 67, 68, 94, 95, 102, 122, 128, 129, 138, 142, 151, 155
kriminelët 113, 114
krimi 59, 106, 112, 115
Krishti 28, 146
kulti 103, 104, 137
Danieli 136
data 11, 18
para v, 8, 9, 10, 77, 87, 137
mospërgjegjësia 112, 113
djalli v, 28, 64, 69, 70, 71, 94, 156
dinosaurët 131
Zoti v, 8, 16, 26, 70, 87, 89, 91, 92, 94, 96, 135, 145, 146
disqe fluturuese xiii, 116
ADN ix, 135, 142
Hebraisht x, xii, 8, 101, 116, 117, 135
Hebrenjve v, 8
Eklisiastiu 137
arsimi 45, 52, 53
Eloha x, 3, 4, 77, 112
Elohim v, vi, ix, x, xi, xii, xiii, xiv, 1, 5, 6, 7, 8, 9, 10, 12, 13, 14, 15, 17, 19, 22, 23, 24, 25, 26, 27, 28, 29, 30, 31, 32, 38, 47, 60, 61, 64, 65, 66, 67, 68, 69, 70, 71, 72, 73, 74, 77, 8, 101, 102, 103, 104, 105, 116, 117, 119, 121, 122, 127, 128, 129, 131, 133, 135, 137, 138, 139, 142, 144, 147, 148, 149, 1 50, 151, 155
Epoka e Artë 38, 41, 82, 94, 97, 154
trashëgimia 94, 99, 137
ushtria 112, 113, 115, 116
mërgimi 67, 68
Eksodi 4, 6
eksperimenti 74, 108, 109
Shpërthimi atomik 78
i përjetshëm xiv, 3, 14, 56, 86, 120
përjetësia 46, 61, 150

etimologjia 25, 59, 101
ungjillizoni 63, 100, 102
evolucioni v, ix, 22, 60, 82, 88, 124, 125, 127, 136, 144, 151, 152, 153, 154, 155, 158
evolucionistët v, 59, 60, 127
jashtëtokësorët ix, 1, 7, 31, 76, 120, 122, 134, 135, 144, 147, 153, 154, 155, 157, 158
Ezekieli 136
familja 53, 106, 116, 145, 148, 152
fundi i botës xii, 6, 64, 100, 101, 137
France 111, 120, 121, 128, 134, 159
fruta ix, xi, 19, 20, 38, 46, 66, 74, 127, 155, 157
Zanafilla x, xi, 8, 26, 104, 148
Gjeniokracia v, 29, 30, 31
Jerusalemi 1, 96, 105
Jezusi xii, xiii, 28, 29, 31, 45, 69, 70, 71, 79, 80, 81, 97, 104, 106, 110, 112, 116, 117, 137, 138,14, 14 , 149
Puna 71, 72, 73
Gjoni 83, 84, 85, 86, 92, 93, 96, 97
aktgjykimi 88, 127
qeveria xi, 65, 66, 67, 136, 152
greqisht xii, 69, 101, 102
lufta atomike 7, 18, 88, 89
luftërat 38, 41, 87, 110, 115, 152
Guide of Guides 14, 123
Udhëzuesit 14, 15, 27, 123
Hiroshima 78, 80, 95, 111, 113, 116
pafundësisht i madh xiv, 17, 136
pafundësisht i vogël xiv, 17, 23, 32, 136
infinitivi v, xiv, 11, 13, 16, 17, 23, 24, 25, 26, 27, 32, 36, 37, 38, 39, 40, 41, 45, 46, 53, 56, 59, 60, 76, 105, 118, 136, 139, 145, 150, 156
inteligjenca 8, 40, 97, 105, 137, 145, 148, 150
Izraeli v, xii, 8, 78, 138
Zoti vi, 67, 68, 69, 71, 72, 73, 74, 75, 76, 77, 78, 79, 80, 82, 86, 87, 97, 117, 122, 149
laboratori ix, xi, xii, 7, 8, 10, 65, 66, 68, 78, 83, 95, 109, 120, 125, 135, 142, 148
Latinisht 25, 101, 102, 103, 105
vepra 10, 30, 51, 65, 82, 110, 115, 116, 136, 149, 152 Levitiku 26
liria ix, 56, 57, 106
drita 3, 4, 10, 11, 33, 34, 66, 67, 117, 138, 140, 141, 147, 148, 155

Luciferi 64, 66, 67, 68, 77
makinat 5, 55, 67, 76
Muhamedi xii, xiii, 28, 31, 104, 117
martesa 136
Mateu 9, 65, 66, 70, 71, 106
meditim xiv, 27, 145
Meditim sensual 39
lajmëtari 69, 78, 80, 81, 89, 97, 101, 103, 117, 122, 138, 144
metal 55, 85, 92
ushtarake 10, 107, 114, 136
misioni 4, 30, 69, 74, 76, 77, 105, 115, 117, 123, 138, 155
mitologjia 140
Monedha botërore 136
vdekja v, xiii, xiv, 14, 19, 21, 26, 46, 47, 48, 51, 85, 86, 87, 89, 90, 91, 96, 106, 112, 113, 115, 135, 144, 146, 153
Moisiu xii
muzika 56, 73
bërthamore vi, 82, 94, 95, 105, 132, 133
objektivat 9, 41, 142
objektet fluturuese 3, 85, 86, 120
homoseksualiteti v, 58, 59
v kockë, 13, 14, 15, 33, 34, 36, 89
kocka ballore v, 13, 14, 15, 89
Papa 102
atdheu 106, 107, 111, 113, 116, 152
perceptimi 27, 39, 40, 41
vaj 127, 128, 129
kënaqësia v, 20, 38, 39, 40, 41, 44, 45, 46, 51, 52, 118, 134, 137, 143
planetët xiii, xiv, 23, 24, 32, 65, 66, 82, 141
plani celular v, xiii, 13, 14, 25, 117, 135
piramida 55, 73
lutu 6
lutja 145, 147
Profeti 102, 149
Profetët 13, 149
parfume 49, 50
programimi 51, 52
katër nivele 37
Rael iii, iv, vii, ix, xiii, xiv, 1, 3, 4, 7, 13, 61, 64, 81, 82, 89, 97, 116, 119, 120, 121, 122, 123, 13 , 147, 148, 149, 151, 154, 155, 158
feja v, 15, 26, 27, 29, 30, 52, 59, 80, 87, 100, 101, 102, 103, 106, 110, 116, 118, 124, 136, 139,108

fetë v, xi, 22, 24, 28, 29, 69, 83, 106, 107, 135, 138, 144,
150, 151, 152, 154
përgjegjësia 109, 111, 112, 144
zbulesa xii, 101, 102, 103, 154
robotët 10, 136
Satani xi, 64, 65, 66, 67, 68, 69, 70, 71, 72, 73, 77, 94, 112
shkenca xi, 21, 23, 34, 60, 61, 101, 105, 108, 136, 153, 155
shkencëtarët ix, xi, xii, 10, 11, 12, 22, 23, 32, 33, 36, 47, 50, 60, 64, 65, 66, 67,
97, 106, 107, 109
shkencëtari 82, 106, 108, 109
shkolla 10, 44, 124
gjashtëqind e gjashtëdhjetë e gjashtë 94
seminare zgjimi 27, 41
sensualiteti 39, 41, 45, 143 vula 86, 87, 88, 89, 91
Zoti 84
kompania 38, 41, 106, 107, 109, 118, 151, 152, 157, 158
mbinatyrore x, 67, 101, 135
parashtresa 109
shpirti xiv
vetëvrasje v, 61
televizioni 4, 42
teoria 124, 127, 128, 151, 152, 153
dëshmia 87, 121, 151, 158
tradita 44, 45, 106, 137
transmetimi 13, 14, 117, 125, 130, 133
bori 84, 86, 89, 90, 91, 92, 94
Njerëzimi x, xi, xiii, xiv, 7, 15, 16, 24, 31, 37, 38, 41, 42, 52, 61, 68, 74, 75, 82,
83, 86, 87, 88, 89, 9 , 95, 97, 103, 105, 108, 110, 113, 114, 115, 116, 118, 129,
135, 136, 137, 138, 139, 143, 1145, 1415
humanitarizmi 136
Ungjijtë 65
Ungjilli 102
anije v, xi, 6, 17, 18, 19, 68, 69, 73, 78, 96
Vatikani 9, 29, 59
avioni 4, 5, 96
erdhi nga qielli x, 5, 7, 67, 101, 102, 103, 135, 151
dhuna 41, 45, 68, 76, 77, 97, 107, 114
jeta e përjetshme xiv, 14, 23, 26, 61, 75, 105
bosh 140, 141, 146

www.ingramcontent.com/pod-product-compliance
Lightning Source LLC
Chambersburg PA
CBHW070118080526
44586CB00013B/1327